JN411209

길 위에서 만난 사람들

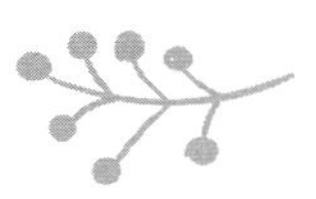

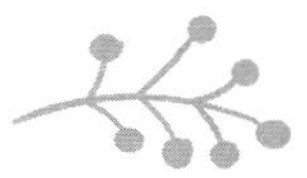

길 위에서 만난 사람들

함순자 수필집

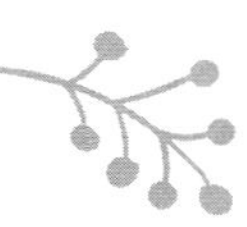

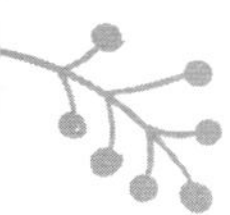

예솔

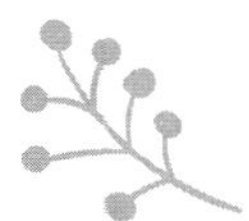

책을 내면서

수필을 쓰지 않았다면 지금 나는 무엇을 하고 있었을까. 글 쓰는 것이 일상이 되어 버렸으니 이보다 나은 친구도 없고 다른 재주도 없다. 타고난 성품이나 생각, 모습, 사상, 그리고 숨어 있는 잠재력까지 모아서 키질을 한다면 쭉정이와 검불은 걷어내고 몇 알의 알갱이가 남을 것이다. 그것은 밉든 곱든 보태지도 않고 버릴 수도 없는 나의 수필이 아닐까 싶다. 어릴 적부터 가슴에 묻었던 문학의 꿈이 단초(端初)가 되어 늦은 나이에 글을 쓰게 되었으니 더욱 그렇다. 수필은 바로 나의 민낯이다.

"길 끝에 서면 모든 것이 아름답다"는 어느 시인의 시어가 생각난다. 지나온 길을 뒤돌아보니 까마득하여 가물가물하다. 아름다웠는지는 모르지만 후회 없이 예까지 왔으니 얼마나 다행인가.

굽은 길, 높고 거친 아픔의 능선, 때로는 곧은길도 지나왔다. 굽이굽이 자국마다 고여 있는 흔적들을 모아 태동과 해산의 고통을 겪으며 태어난 것이 두 번째 수필집이다. 노을이 기우는 길목에서 있다. 지나온 길은 무성한 감사와 고마움의 길이었고 갚을 길 없는 은혜의 여정이었다.

글을 쓰다 보면 밥때를 놓칠 때도 있고 해 넘어간 줄도 모를 때가 있다. 그런 나를 이해하며 우편 그늘이 되어 주는 남편의 배려에 고개 숙인다. 생명처럼 소중한 아들, 딸, 사위, 며느리의 응원이 있고 영원한 나의 팬인 손녀들의 박수가 이어지는 한 내 마음에 쟁여 있는 글들을 설레는 마음으로 풀어낼 것이다.

새벽마다 무거운 일과표를 내밀면 받은 축복을 세어보라고 하시는 나의 하나님께 이 작은 책을 올려 드립니다.

2018 초겨울, 함순자

차례

1. 선물

2. 손등에 그려진 이력서

3. 마음의 노래

4. 이박삼일의 자유

5. 고향 가는 길

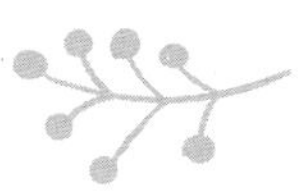
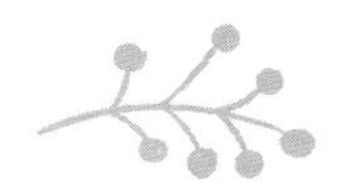

1. 선물

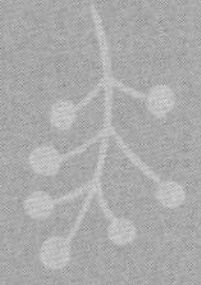

선물

석 달 간격으로 발과 팔이 질그릇 깨어지듯 부서지고 보니 나의 건강도 여기까지가 한계인가 싶다. 나이 들면 넘어지지 않도록 조심해야 한다는 말을 들을 적마다 나는 그런 축에 끼지 않을 것을 장담했고 남의 일처럼 생각했는데, 교만은 패망의 선봉인가 앞장서서 넘어지고 말았다.

열두 계단에서 곤두박질을 할 때 순간 혼미했다. 정신을 가다듬고 보니 다리를 움직일 수 없었다. 진창이 된 다리를 끌며 버티고 일어섰다. 이 지경에 일어선 것은 내가 지닌 강단(剛斷)이고 의지(意志)라는 생각을 했다. 정맥이 파열되고 뼈가 어긋났다는 엑스레이 결과를 보고서야 발만 다쳤음이 얼마나 다행인지 아픔보다 감사가 먼저였다.

발을 다친 후 석 달이 지나 겨우 자국걸음을 시작하려는데 장애물도 없는 맨바닥에 넘어져 팔을 분질렀다. 완전치 못한 다리가 힘을 받쳐주지 못한 여파였다. 팔까지 깁스를 하고 어기적거리며 걸어야 하는 내 모습이 가없이 처량하다. 움직일 수 없는 아픔은 고통이 아니라 형벌이다. 병도 많고 탈도 많은 나인데 이것만은 피하고 넘어갔어야 했다.

거울 속에서 정직한 내 얼굴을 본다. 다친 팔다리보다 일그러진 얼굴이 지금의 고통을 말해 준다. 숨겨두었던 자존심도 던져버리고 못난 자신을 꾸짖으며 가책의 채찍을 들어본다. 또박또박 정확한 아이라고 어릴 적에 듣던 칭찬도, 반듯하고 실수가 없다던 주위 분들의 말도 모두가 헛말이었다. 얼룩이 진 얼굴 위로 드리워진 탁한 그늘은 아픔보다 더한 상한 마음을 드러내고 있다. 원망할 대상도 없고 탓할 데도 없다. 아프다고 소리 지를 수도 없다. 골방에 들어가서 혼자 있으니 참았던 서러움이 복받치고 서러워서 실컷 울었다. 눈물은 하나님이 인간에게 내린 치유의 정화수라더니 답답하던 가슴이 서늘하게 풀린다.

"한 해에 사고를 두 번이나 치면 같이 사는 사람이 어찌 견딥니까." 허물없이 지내는 친지가 웃으며 건넨 말이지만 남편이 할 말을 대신해 주는 것으로 들렸다. "제가 못난 탓이지요." 하고 어설픈 대답을 하면서도 식구들을 고달프게 하고 있으니 유구무언이다. 생각은 앞서가고 행동은 뒤처지는 불균형이 빚은 결과였다. 그러나 내게 내린 더없는 경보음이요 더 큰 고통을 예방하는 방부제라고 스스로 위로를 하면서도 부끄럽다.

차에서 내려 병원 치료실까지가 천릿길처럼 멀다. 고집인지 자존심인지 휠체어는 타기 싫다. 남편이 앞서서 가고 나는 뒤따라 간다. 둘 사이 간격은 자꾸만 멀어진다. 남편의 걸음걸이를 뒤에서 보니 천천히 점잖게 걷는다. 뒤에서 보는 것이 처음인 것 같다. 항상 앞서서 가던 사람은 나였으니까. 진작에 한두 걸음 뒤에서 바라보며 걸었더라면 이런 낭패는 없었을 것인데 끝없는 후회에 눈앞이 흐려진다. 원래 내 몸의 토대가 튼튼하지 못하여 흔들리고 허약했던 탓도 있었음을 가늠해 본다.

손발이 묶여 있으니 눕기도 힘들고 서기도 힘이 든다. 기동력이 정지되어 돌부처가 따로 없다. 미안해야 할 사람은 나인데 남편이 선수를 치며 손들고 나선다. 지금까지 살아오며 휴가 한번 받은 적이 없지 않았는가. 한목에 받은 휴가라 생각하고 집안일 밖의 일 다 맡기고, 기회라 생각하고 푹 쉬라고 한다. 풍랑 이는 거친 바다 같은 마음이 남편의 말에 깊은 바다처럼 잔잔해진다. 오십여 년 쌓아 올린 정이구나 싶다.

머리도 감겨주고 옷도 입혀 주며 소소한 것에도 마음을 쓴다. 고맙다는 말이 오히려 어색한 인사 같아서 마음으로 머리 숙이고 얼굴 붉힐 뿐이다. 여태 살아오면서 처음으로 받아 보는 큰 선물이지만 사양하지 않는 것이 남편에 대한 보답이고 감사의 표시가 될 것 같기 때문이다.

우리 집 주방은 남편이 새 주인으로 부임하여 개혁의 바람이 불고 있다. 아예 토스터를 사 왔다. 아침이면 빵을 굽고 시리얼을 타고 차도 잘 끓인다. 웬만한 것은 끼니때 맞추어 주문한 다양한 메뉴가 속속 배달된다. 필요한 것은 메모해 두었다가 사들인 식품들이 냉장고를 채운다. 재래시장 누벼가며 장을 보던 나와는 사뭇 다르다. 병문안 오는 손님 접대도 깔끔히 잘한다. 이런 때를 위해 준비된 사람이라니 더 할 말이 없다.

색깔도 다르고 모양도 다른 짝짝이가 만나 서로에게 짝이 되어 지내온 오십여 년, 다르고 틀린 것이 오히려 조화를 이루어서 반듯한 평행선을 그으며 살아왔다. 매사에 여유로운 남편에 비해 바쁜 쪽은 나였다. 한 박자만 천천히 하라고 탓할 적마다 느린 거북이보다 뛰다가 쉬어도 토끼가 낫다며 총총히 걸었던 내 모습은 이제 없어졌다.

한 손으로 독수리 타자를 치며 글을 쓴다. 뇌를 다치지 않은 것이 감사요 살아 있음이 은혜다. 질그릇같이 약한 인생이지만 손발이 되어 주는 가족이 곁에 있으니 이보다 더 큰 선물이 있을까. 불편은 하여도 불행한 여자는 아닌 것 같다.

닫혀 있던 창문을 연다. 해는 웃음 짓고 구름은 숨바꼭질하며 떠간다. 수다를 떨며 달려드는 바람을 가슴으로 안아본다. 밤이면 별무더기를 볼 것이다. 조화로운 세상이 창밖에 다 있다. 이 모두도 거저 받은 선물이다. 아픔과 고통의 잔을 마신 자만이 누릴 수 있는 감격이며 갚지 않아도 되는 선물이다.

(에세이21. 2015. 가을호)

내가 가는 길을 그가 아시나니
그가 나를 단련하신 후에는 내가 순금같이 되어 나오리라
(욥기 23:10)

잃어버린 소리 새로운 노래

마주 앉은 그의 얼굴에는 아픈 세월을 지켜온 흔적이 깊고 역연(歷然)하다. 얼기설기 뒤얽힌 수술 자국을 감추려고 더운 날씨에 목이 긴 옷으로 감싸고 있다. 네 번의 암 수술로 그의 옛 모습은 오간 데 없고 반쪽이 없어진 목덜미에 얼굴 윤곽은 균형을 잃었다. 목소리는 가늘고 쉰 소리가 난다. 어떤 시간도 운명도 그에게 닥친 불행을 피할 수 없었나 보다. 살아 있다는 것이 기적 같은데 평온한 얼굴에 웃음만 가득하다. 수식이 달린 듣기 좋은 위로의 말을 하지 못한 채 그가 드문드문 하는 말만 듣고 있었다. 많은 가시들이 육신을 상하게 하였지만 이기고 일어섰다는 그의 말은 큰 울림이었다.

연단(鍊鍛)을 견디어낸 분의 모습이 더없이 초연(超然)하다. 덩치 크고 믿음직하며 유머 있는 재치로 우리들의 리더였던 이 남자의 패기는 어디에 숨어버렸을까. 깊은 물처럼 쉬어가는 바람처럼 조용하기만 하다. 책 한 권을 내 앞에 내어놓는다. 『오늘은 남은 날의 시작입니다』라는 수필집이다. 이름 아래 단상적 수필집이라고 쓰여 있다.

의대생이었던 그는 전공보다 음악을 더 좋아했다. 같은 교회에서 그는 지휘를 하고 우리는 합창을 했다. 지휘봉을 잡은 그를 따라 우리 성가대원들은 멋진 화음이 어우러져 은혜롭고 아름다운 합창을 불렀다. 비록 염색한 검은 군복을 입은 가난한 의학도였지만 그가 해석해 내는 곡은 돋보였고 성가대의 합창은 듣는 이들의 마음에 위안이고 기쁨이었다.

우리 대원 중에 그와 장래를 약속한 친구가 파독 간호사를 자원한 것은 그의 모자라는 학비를 염두에 두었기 때문이었다. 독일로 떠나기 전 송별회를 하던 날, 우리는 이별의 노래를 불렀지만 이 남자는 아픈 속내를 감추려고 헛웃음을 웃고 있었다. 공부를 마치고 의사고시에 합격하는 날을 기다리는 기간은 참 아득하게 느껴졌다.

의사 시험에 합격하고 군의관이 된 후에도 주일이면 군복을 입은 채 교회에 나와 성가대를 지휘했다. 그의 교회를 위한 헌신은 우리들에게도 도전이 되었고 마음과 정성을 모은 찬양은 하늘에 사무치는 듯 은혜를 더해갔다. 크리스마스가 되면 연천군 백학에 있는 그가 소속된 부대로 위문을 가는 것은 우리들이 할 수 있는 보람 있는 연중행사였다.

결혼식을 하던 날, 신랑이 입은 장교복은 어느 턱시도보다 잘 어울리는 예복이었다. 때맞추어 헌당을 한 새 예배당에서 요한 슈트라우스의 〈라데츠키 행진곡〉에 맞추어 입장하던 그의 모습은 개선장군처럼 당당해 보였다. 이탈리아와의 전쟁에서 승리한 오스트리아의 장군 라데츠키를 보는 듯 여유만만하고 멋졌다. 신혼살림은 청량리에 있는 정신병원 내에 있는 방 하나를 빌어 시작했다. 눈에 띄는 세간은 보이지 않았지만 작은 쪽마루에 놓여 있던 피아노를 나는 지금도 기억한다.

정신과 의사인 그는 제대 후 종합병원에서 근무하며 신뢰와 실력 있는 의사로 명성도 얻었고 의료봉사상도 받았다. 얼마 후에 파란 물이 눈에 보이는 남쪽의 항구도시에 병원 건물을 세웠다. 5층 건물의 1층에는 크지는 않아도 연주하기에 적당한 콘서트홀을 만들었다. 정신적으로 산만한 입원환자들의 정서에 도움이 될 것이라는 기대와 음악에 대한 갈증을 채우고 싶은 소원도 있었으리라. 항상 넓고 깊은 품성으로 따르는 이도 많았고 병원은 환자들로 입원실이 부족할 정도였다. 음악 하는 친구들이 많아 콘서트홀은 비어 있을 겨를이 없었다.

하나님이 내린 연단의 회초리일까. 보이지 않는 질투의 화살을 맞았을까. 예고도 없이 달려든 암과의 싸움에서 의사인 자신도 속수무책으로 넘어지고 말았다. 직장(直腸)을 절제하고 위를 절단하는 고통도 버거운데 편도선암을 선고받고는 병원 문을 닫았다. 수술을 앞두고 임파선까지 전이된 것을 알았을 때 가족들에게 유언을 남기고 수술실로 들어갔다던 그가 담담하게 내 앞에 앉아있다.

몸은 더없이 황무해 보이지만 마음은 비옥하고 윤택해 보여서 마음이 놓인다. 딸의 첼로 연주와 성악가인 사위의 노래를 들을 수 있는 귀가 열려 있으니 감사요, 아내가 정성으로 빚은 미음을 먹을 수 있고 어디든지 카메라를 메고 나설 수 있는 튼튼한 두 발과 손이 있음이 행복이고 손자의 재롱을 볼 수 있는 눈이 있음은 더 큰 축복이란다. 목소리를 잃어 노래할 수 없게 되었지만 글을 쓰게 되면서 새 노래를 찾았다. 구절구절이 음악이고 리듬으로 들린다. 잃은 것보다 남은 것이 더 많다고 하는 사람, 질고와 싸워서 패한 자가 아니라 승자의 모습이다.

그가 수월하게 먹을 수 있는 두부 요리 전문집에서 만났다. 뜨끈한 김이 오르는 두부를 권하다가 옛날 생각이 났다. 안주가 좋은데 '소카콜라' 한잔하라고 했더니 웃으며 고개를 젓는다. 교회에서는 금주(禁酒)가 원칙이다. 그러나 젊은 날, 우리끼리 모이면 소주에 콜라를 섞은 음료를 그는 참 즐겨 마셨다. 소카콜라는 젊은 날의 우리를 기억나게 하는 은어(隱語)였고 보석 같은 이야기를 수없이 담고 있다.

"나이 드는 것은 낡은 것이 아니라 새로움이다. 젊어서 모르던 것을 새롭게 알아가니까." 헤어지며 그가 남겨준 한마디가 여운처럼 남는다.

우리 집 주방에는 그가 스케치한 사진과 시 한 수가 달마다 들어 있는 조그마한 캘린더가 걸려 있다. 그 달력을 볼 때마다 그가 살아 있음에 감사한다. 해마다 달력이 오기를 기다리는 내 마음에는 그의 건재를 바라는 간절한 기도가 담겨 있다.

(에세이21. 2016. 여름호)

인내는 연단을 연단은 소망을 이루는 줄 앎이로다

(로마서 5:4)

길 위에서 만난 사람들

남 보기는 멀쩡한데 어지러워서 머리를 들 수가 없다. 가만히 누워 있어도 땅속으로 곤두박질을 한다. 잠시 괴롭히다가 지나가는 병이 아니라 시도 때도 없이 도진다는 의사의 진단이다. 가장 위험한 것이 운전이라고 한다. 내 것이라고 이름 붙은 것은 자동차 하나뿐인데 규칙 없이 흔들리는 건강 유지를 위해서는 그마저 손을 놓을 수밖에 없다. 기동력이 정지된 생활은 무미하고 날개 접은 독수리 모양이 되었지만 짐 하나 내려놓은 듯 홀가분하다. 뜬금없이 날아드는 범칙금 고지서도 없을 것이고 기름값이 올라도 조바심 낼 일 없을 것이다.

운전을 하며 길 위에서 만났던 사람들과 주고받은 대화들, 수없이 겪었던 시행착오의 사건이며 교통법 위반을 피하려고 실없이 둘러댄 거짓말들, 외길에서 역주행하다가 가슴을 졸이던 일들이 어제 일처럼 떠오른다. 마흔 중반부터 운전을 해 왔지만 길 위에는 각박하기보다 너그럽고 따뜻하고 순한 사람이 더 많았던 것 같다.

여의도 국회의사당 앞 삼거리에서 우회전을 했다. 내가 가야 할 길은 1차선에서 좌회전을 해야 하는 서쪽 방향 윤중로 길이다. 빈틈없이 늘어서 있는 차들을 뚫고 5차선에서 1차선까지 비집고 간다는 것은 여간 난관이 아니다. 이럴 땐 내 모습은 최대한 숨기면서 철면피가 되어야 하고 할 수 있는 수단을 동원하여 돌진하는 것이 상책이다. 운전석 문을 내렸다. 옆의 4차선에 정지하고 있는 차를 향해 손을 흔들었다. 말로는 들리지도 않을 터이니 바른 손으로 내 가슴을 툭툭 치면서 다른 손으로는 1차선 쪽을 가리켰다. 1차선으로 가야만 하는데 양보 좀 해 달라는 시늉이다. 직진 신호가 들어오고 차들이 움직이기 시작하는데 내 옆 4차선의 운전자는 움직이지 않고 나더러 자기 차 앞에 들어서라는 눈짓을 한다. 4차선에서 3차선, 2차선, 1차선 차들에게도 가슴 치기와 방향 제시의 손짓을 보냈을 때 모두들 웃음으로 응답하며 자리를 내어주었다.

이른 아침에 수양관이 있는 양평을 출발하여 서울로 돌아오는 길이었다. 차도 없는 지방도로의 새벽길은 드라이브하기에 적당한 코스였다. 갑자기 교통순경이 나타나서 과속이라며 붙든다. 새벽잠도 반납한 충성스러운 교통순경이 얄밉다. 빠져나갈 틈도 없으니 민첩하게 머리 중심에서 지시하는 대로 말한다. "아저씨, 저 앞에 가는 하얀 차, 저는 저 차를 따라가야 하는데 놓치면 길을 몰라서 집에를 못 가요. 따라가게 해 주세요." 앞차는 이미 모퉁이를 돌아가서 보이지 않는다. 엉뚱한 거짓말을 참말처럼 하는데도 의심도 하지 않고 웃으면서 내 말에 속아 주던 교통경찰 아저씨도 있었다.

구기 터널을 빠져나와 일산 쪽으로 가는데 신호 위반에 딱 걸렸다. 자주 내왕하는 곳이라 눈 감고도 갈 수 있는 길이었다. 사람의 보행이 뜸한 건널목은 종종 위반을 해도 무방하던 곳이라 생각 없이 지나는데 전경 아저씨가 차를 세운다. 안경을 얼른 벗었다. 앞뒤 가리지 않고 튀어나오는 말이 "눈이 침침해서 신호도 잘 안 보이네요." 넋두리 같은 내 말에 "신호등도 분별이 안 되면 안경을 쓰셔야지요." 하며 딱하다는 표정이다. 운전 면허증을 돌려주며 조심해서 가라는 당부까지 한다. 측은히 여기는 마음과 동정이 넘치는 젊은이, 거짓의 변명을 곧이곧대로 들어주는 교통경찰 아저씨가 착하다고만 생각했지 내가 법규를 어겼다고는 전연 생각지 않았다.

다마스라는 자그마한 차는 대개 짐을 실어 나르는 차다. 보기만 해도 넘어질 것 같아서 불안한 차종이다. 뒤엉킨 도로에서 깜

빡이도 켜지 않고 내 차 앞을 밀고 들어온다. 미세하게 부딪히는 느낌에 내려 보니 앞 범퍼를 긁었다. 틈도 없는데 왜 그렇게 밀고 들어오느냐고 큰소리를 질렀다. 이럴 때 작은 소리로 말하면 가해자가 되는 억울함을 당할까 두려워서다.

다마스에는 포장된 물건이 가득 실려 있었다. 연말이라 선물을 배달하는 차 같아 보였다. 운전자는 포장이 잘된 상자 하나를 내리더니 "아주머니, 찻잔인데 받으시고 나 바쁜데 봐주세요." 하는 것이다. 시비를 피하려고 소리쳤는데 화해의 방법이 아주 마음에 들었다. 그리고 젊은이 얼굴이 곱상하고 밉지 않았다. 사람은 인상이 반이라는 말이 맞다고 생각했다. 그러나 그냥 넙죽 받기가 그렇다. "이런 것 필요 없거든요?" 하는 내 말은 들은 척도 않고 고맙다는 인사와 함께 내 차에 던져 놓고 가버린다. 뚜껑까지 달린 청잣빛 녹차 잔 네 벌이 들어 있었다.

온양에 사는 친구를 찾아가는 길에 방향을 잘못 잡아 외길 통행으로 들어섰는데 역주행이었다. 내려오는 차와 마주쳤다. 시커먼 덤프트럭이 버티고 서 있다. 앞이 캄캄했다. 후진하려고 망설이고 있는데 험상한 운전수가 차에서 내리며 째려본다. 무서워서 고개를 푹 숙였다. 경찰에 신고하려나 긴장하고 있는데 트럭 뒤에 줄지어 서 있는 다른 차들을 모두 후진시키고 교통정리를 한참 하더니 나를 우선적으로 보내 주는 것이었다. 차창 밖으로 손한 번 흔들며 고개 숙인 것이 보답의 전부였다.

이제는 끝났다. 인생의 한 토막을 갈무리한 후에 누릴 자유를 생각한다. 안경을 벗을 일도 없고 거짓말을 둘러댈 일도 없고 가슴을 칠 일도 없을 것이다. 반전은 적응에 따라 가치를 높일 수 있는 것이다. 신나고 흥겨운 일은 아니더라도 대중교통에서 얻어지는 여백의 시간이 더 멋진 여유로 피어날 것을 생각한다. 가방에 책 한 권을 넣고 지하철을 타러 간다.

(에세이21. 2014. 봄호)

믿음과 착한 양심을 가지라
어떤 이들은 이 양심을 버렸고 그 믿음에 관하여는 파선하였느니라
(디모데전서 1:19)

좋은 세상

우리 집은 주상 복합 건물이다 보니 주변에 주택보다는 상가가 많다. 가장 많은 업종이 동물병원으로 거의 타운을 이루고 있다. 다른 업종이 있다가 떠나게 되면 영락없이 동물병원이 들어온다. 오다가다 간판들을 보면 신기하기도 하고 정겹기도 하다.

'동물 사랑은 인간 사랑의 실천입니다' 라는 간판은 동물도 그들대로 격이 있으니 존중해야 한다는 의미다. 저마다 상호를 홍보하는 독특한 문구들을 보면 사람한테 필요한 홍보인지 동물을 위한 알림판인지 처음 보는 이들은 분간하기 어렵다. '호텔식 방 있습니다. 아기 맡기고 휴가 즐기세요' '아기가 잠들었어요. 두드리지 마시고 손짓하세요' '새로 출시된 미용용품 입하' '내력이 좋은 순수한 출신 미팅 주선합니다' '예방주사 기간입니다 놓치지 마세요' '영양식 입하. 주문받습니다' '이발, 미용, 호텔' 사람을 위한 홍보물처럼 보이지만 동물병원 선전물이다. 애완견만 데리고 들어갈 수 있는 전용 카페도 있고 양방、한방을 겸한 병원도 있다.

동물병원에서는 자주 축제가 열리기도 한다. 넓은 홀이 비좁을 정도로 강아지를 데리고 나온 사람들이 북적거린다. 파티가 열리는 날은 풍선을 매달고 흥겨운 음악 소리도 들리며 강아지는 자기들끼리, 사람들은 또 그들끼리 즐기고 논다. 사람 잔치인지 강아지 잔치인지 분간하기 어렵다.

강아지가 입은 옷들도 다양하다. 색색의 실로 편물 하여 입히기도 하고 고운 천으로 누벼서 멋을 부린 옷도 있다. 사계절 의상이 다르고 쇼윈도에 걸어 놓고 전시 효과도 노린다. 나무에 그네를 매어둔 애완견의 요람을 보면 우리 아이 어릴 때 태우던 그네 생각이 난다. 사람의 부속물로 귀여움을 받는 동물이지만, 사람의 소득과 비례하여 몸값도 오르고 의식주 수준도 높아지게 된 동물의 세상이다.

애완견을 길러 보면 그 순수함과 정직함, 충직함에 정이 들게 마련이다. 이익을 위해 남을 해롭게도 하지 않고 화를 내거나 다투지도 않지만, 많이 가지려는 욕심도 없고 반항도 하지 않으며 언제나 수동적이다. 주인이 주면 먹고 이끄는 대로 절대 순종하면서 때로는 감정을 표시하고 눈물도 흘린다. 내 자녀는 희생하며 키우고 가르쳤건만 반항할 때도 있고 마음 아프게 할 때도 있다. 원망도 하고 화도 낸다. 그러나 애완견은 사랑하고 돌보는 만큼 은혜를 안다.

오래전에 주택에 거주할 때 강아지를 키웠었다. 좋은 옷으로 단장하고 영양가 높은 먹이에 사랑받으며 사는 강아지들을 볼 적마다 치장 한번 못 해주고 남은 밥으로 그야말로 개밥 주듯 키웠던 우리 강아지 생각을 하면 좋은 세상에서 호강하는 강아지들이 부럽다.

우리 아이들의 이름은 지(智)자가 항렬이어서 강아지 이름도 '지' 자를 넣고 강아지의 가운데 '아' 자를 따서 '지아' 라고 이름을 붙였다. 이름만 들어도 한 식구라는 느낌이 들었다.

어느 날, 지아가 시장에 가는 나를 따라 나오다가 지나가는 차에 부딪혀서 뒤쪽 발이 골절되는 부상을 입고 깁스를 했다. 매일 안고 치료를 받으러 병원에 다녔다. 다리를 다친 후로는 내 옆에만 맴돌았다. 가엾어서 쓰다듬고 안아주면 소리 없는 눈물을 흘리기도 했다. 동물이라는 차별도 없어지고 정이 깊어져서 현관 옆에 재우다가 마루에 자리를 펴 주고 먹이도 우리가 먹는 대로 같이 먹였다. 집 앞으로 차가 지나가도 남의 차 소리에는 조용하다가 주인의 차 소리는 용케 알아듣고 집안을 향해 소리를 높였다. 주인이 왔으니 대문을 열라는 신호였다. 이런 영특한 지아와 헤어지게 되었다.

주택에서 아파트로 이사를 하게 되어 그를 데리고 갈 수 없다는 식구들의 성화에 이사 들어오는 새 주인에게 지아를 맡겼다. 예쁘고 착하니 잘 돌봐 달라고 부탁을 하고 자주 오겠다는 약속도 했다. 지아의 슬픈 표정을 보며 '우리가 편하게 살려고 너를 두고 간다'는 자책에 마음이 아팠다. 쓰다듬으며 "미안하다. 데리고 가지 못함을 용서해 주라. 자주 올게" 한참 동안 부둥켜안고 이별하였지만 정 떼기가 힘들었다.

처음에는 헤어지고 삼 일이 멀다 하고 먹이를 사 들고 가서 같이 놀다 오곤 했다. 내가 가면 반가워서 코를 내 가슴에 묻고 보드라운 털로 비비며 올 때까지 내 곁을 떠나지 않았다. 많이 그리웠다는 표정이 역력했다. 그러나 차츰 찾아가는 횟수가 줄어들었다. 일주일 만에 간다는 원칙을 세워 두었지만 그 약속을 어길 때가 많았다. 사람이든 동물이든 자주 만나지 않으면 멀어지는 것인지 조금씩 잊혀갔다.

얼마가 지난 후에 집주인이 알려온 소식은 시름시름 앓던 지아가 세상을 떠나서 뒷마당 감나무 밑에 묻어 주었다는 것이다. 의식이 있고, 사랑을 표현하고, 고마움의 눈물도 보이던 총명한 생명의 수한이 그만큼이겠지 생각하면서도 나와 같이 지냈으면 좀 더 연명할 수 있었을지도 모른다는 생각에 식구들 눈치 보지 말고 데려올걸 하며 나의 무정함을 후회했다.

강아지도 좋은 옷 입고 파티도 즐기는 참 좋은 세상이다. 우리 지아는 옷은커녕 조각목으로 이어 맞춘 작은 집에서 변변찮은 포대기 하나로 추위를 견디면서도 집을 잘 지켜 주었다. 풀과 잔디를 구별할 줄 알아서 풀을 뽑는 내 곁에서 앞발로 잡풀을 뽑아내던 영특한 귀염둥이였다. 바람 쐬고 오라고 대문 열어 놓으면 동네 한 바퀴 돌아서 바쁘게 집으로 찾아들던 착한 지아와 지냈던 때를 생각한다. 내 살기 편하려고 버렸는데도 그는 나를 그리워하다가 병이 났었던가. 새 주인이 구박을 했을까. 빵 사 들고 찾아가서 먹여주고는 내 할 일 다 한 것처럼 뒤돌아설 때 그는 얼마나 서러웠을까.

짙은 갈색에 양 눈가에 흰 점이 박힌 자그마한 체구의 지아가 살다 간 간곤한 세상 가운데는 내가 겪은 세상이 있었고 내가 살던 세월이 있었다.

(에세이문학. 2015. 여름호)

우리가 선을 행하되 낙심하지 말지니
포기하지 아니하면 때가 이르면 거두리라
(갈라디아서 6:9)

바지 이야기

색깔이 요란스러운 바지는 제품을 만든 회사 이름도 없고 질감의 표시도 없다. 편하고 만만해서 자주 입는다. 무늬에서는 단풍도 보이고 낙엽도 보이고 갈바람 냄새도 난다. 난생처음 찬란한 옷이 생겼다.

친구와 같이 강원도를 돌아다니다가 진부령을 넘어 아늑한 동네 진부에 닿았을 때 진부마을은 때맞춰 장날이었다. 오천 원이라고 소리 지르는 난전에서 가을 색이 짙은 요란한 바지를 골라 들고 친구는 어떠냐고 물었다. 하필이면 저런 색깔을 고를까, 저 여자가 가을에 취했구나 싶었다. 나더러 고르라면 검은색이나 감색 정도의 색상을 선택했겠지만 관심 밖이라 구경만 하고 있었다. 숙소에 돌아와 보니 나보다 체격이 컸던 옷 임자는 허리도 작고 통이 좁아서 그 바지를 입을 수가 없었다. 해가 지고 시골 장이라 반품하러 갈 수도 없었다. 억지로 입게 된, 생각지도 못한 오색찬란한 바지는 내가 입으니 맞춤처럼 들어맞았다.

통이 좁은 바지는 젊은이만 입는 줄 알았는데 아니 입어보니 맵시도 있고 키도 훤칠해 보이고 신축성이 있어 편하고 좋았다. 화려한 무늬가 솔솔한 가을에 입기에 안성맞춤이다. 시골 장터에서 싸게 산 것임을 따지지 않기로 했다. 포근하고 가벼워서 내가 가진 바지 중에 가장 최신형 스타일이다. 아무리 봐도 내 취향은 아니지만 친구 덕에 화려한 것을 입게 된 것이다.

돌아오는 날부터 그 바지를 입었다. 처음 입을 때는 모두들 나만 쳐다보는 것같이 어색하였지만 썩 잘 어울린다는 친구의 말이 아니라도 이런 유난스러운 것을 입어보니 이상하게 첨단유행을 따르고 있다는 기분마저 들었다. 내가 별난 사람도 아닌 바에야 남처럼 이런 것도 입어 보아야겠다. 새로운 유행에 민감한 사람처럼 통이 좁고 화려한 바지를 입으니 세상과는 어울릴지 몰라도 나하고는 어울리지 않아 보이지만, 친구들의 말처럼 구태를 벗어야지 생각을 한다. '혼자 거룩한 척 통이 넓은 옛날 바지에 윗도리는 단추 바꿔 달아가면서 입지 말아라, 흔한 것이 옷인데 바지통도 좁고 윗저고리도 기장이 긴 것으로 유행 따라 입어라, 멋을 내라' 라고 하는 친구들의 충고의 말도 새겨가며 들을 일이다. 그게 잔소리가 아니고 옳은 말이라는 것을 알면서도 내 나름대로 내 주제에 맞춰 입는다는 고집이 있어서 그런 말을 부정하며 살고 있으니 나도 달라져야지 싶었다.

멀쩡한 바지들을 통이 넓다고 버리기가 아까워서 옷 수선집에 가지고 갔다. 바지통 고치는 수선비가 많이 드니 새것 사서 입으란다. 그것이 경제적이고 모양도 훨씬 예쁘다는 수선집 아주머니의 설명이다. 궁상스럽다는 뜻으로 들려서 얄밉기도 하고 무시당한 것 같기도 했다. 이럴 때 나를 합리화하여 변호하는 능력을 발휘한다. '두고 보자 나는 내 식으로 산다.' 마음속으로 큰소리치며 돌아서 나왔다.

장롱 안에 쟁여 놓을지언정 버리지는 않는다는 고집과 함께 새로운 것을 모색한다. 오래된 옷이긴 해도 내 손으로 고쳐 보리라는 의지가 발동한다. 친구가 사준 바지를 견본으로 삼아 하나쯤은 버릴 각오를 하고 시험 삼아 바지 하나를 재단하고 고쳐 보았다. 꼬박 하루가 걸렸다. 참으로 기분 좋은 성공을 거두었다. 매일 하나씩 고쳤더니 세련된 바지가 옷장에 줄을 지어 걸렸다. 오래된 옷이기는 해도 질감도 좋고 메이커 옷들이라 신식 디자인으로 고쳐 놓으니 새 옷처럼 외출복으로 손색이 없다. 내 손을 빌려 다시 태어난 바지만 보면 성공했다는 기분이 든다.

어느 해 겨울 내 생일 아침이었다. 남편이 출근하면서 생일 선물이라며 봉투를 내 손에 쥐여 주고 나갔다. 겉봉에 '축 생일 바지 一着'이라고 쓰여 있었다. 내가 입은 바지가 얇고 추워 보였던 모양이었다. 마음에 오죽 걸렸으면 생일 선물로 바지 일착이라 썼을까. 그때는 단벌 신사란 말도 흔하게 쓰던 시절이었으니 그 생각만 하면 지금도 마음이 아리다. 바지값이 봉투 안에 얼마 들어 있었는지는 기억이 나지 않는데 지폐 한 장이었던 것은 확실하다. 사십 년도 더 지난 일이니 만 원이었을까 천 원이었을까. 옷 한 벌 사서 입기가 그렇게 어려웠던 그때를 생각하면 지금은 너무 지나친 낭비가 아닌가 싶다.

지금은 흔한 것이 옷이다. 다만 마음이 옛것에서 벗어나지 못하고 구차한 생각을 할 뿐이다. 겨울이면 따뜻한 누비바지도 흔하고 두툼한 패딩이 들어 있는 바지도 얼마나 많은지. 떳떳한 옷이 넘쳐나서 추위를 겁 없이 지내는 겨울이다.

구태(舊態)를 벗어라. 용기 있게 파란색, 노란색 바지를 입어라. 세상을 즐겨라. 틀을 깨고 나와라. 친구들이 외치는 소리가 어록처럼 들리지만 언제나 적당한 분수에서 벗어나지 않고 사는 것이 나의 철학이다.

(2011)

우리가 담대히 말하되 주는 나를 돕는 이시니 내가 무서워 아니하겠노라
사람이 내게 어찌하리요 하노라
(히브리서 13:6)

겸손의 향기

마음도 맑고 눈빛도 맑으면서 얼굴도 곱상하게 고운 권사님을 뵈면 답답하고 헝클어져 있던 마음이 반듯하게 자리를 잡는 듯 편안해지고 파문이 일던 복잡한 생각이 잔잔히 가라앉는다. 따뜻한 웃음, 조용한 말씨. 모든 것이 안정을 가져다준다.

권사님을 만난 지 40년이 넘었다. 같은 교회에서 주일마다 만나지만 옛날이나 지금이나 변함이 없다. 조용한 말씨도 여전하고 교회를 섬기는 일도, 교우들을 사랑하는 모습도 그때나 지금이나 달라진 것이 없다. 내가 살아가면서 표본으로 삼는 분이다. 닮아야지 하면서도 마음뿐이지 행동이 따르지를 않는다. 지금도 팔순이라는 연세가 무색할 정도로 곱지만 젊었을 적에도 순하고 예쁘고 어질기로 소문났던 분이다.

세상의 기준으로 재어도 자랑할 만하건만 늘 모자라는 사람처럼 소리도 없고 지나가는 그림자도 보이지 않을 만큼, 숨어 사시는 분처럼 조용하시다. 보일 듯 말 듯하셔서 찾아야 보일 정도다.

기업체를 가진 회장님의 부인이었지만 항상 '남편이 회장이지 자기는 밥순이' 라고 하신다. 5남매를 남들의 부러움이 될 만큼 잘 키우셔서 우리들이 맹모의 비결을 알려 달라고 하면 하나님이 키워주셨지 내가 무슨 힘으로 5남매를 키웠겠느냐며 자기는 한 일이 없다고 하신다. 웃음을 잃지 않는 권사님의 얼굴이 박꽃처럼 희다. 마음이 고우면 얼굴도 고운 것일까.

딸 셋 중에 큰딸은 의사이고 두 딸은 국전에서 큰 상을 받은 이름 있는 화가로 명성이 높거니와 아들 둘은 명문대학의 교수이다. 사돈들 또한 큰 기업을 움직이는 분들이건만 권사님의 어디에서도 그러한 모습은 찾을 수가 없다. 순하디순한 양처럼 살아가는 모습이 천사 같기만 하다. 나도 언제면 권사님처럼 저렇게 순해질 수 있을지 부러움만 쌓여간다.

가만히 내 손에 뭔가 쥐여 주시기에 보니 초대장이다. 올 수 있겠느냐고 묻는다. 나이 든 것도 부끄러운데 아이들이 가까운 몇 분만 모시고 팔순 예배를 드리겠다고 해서 거역도 못 하고 따르기로 하였다며 수줍어하신다.

재직하고 있는 교수회관에서 어머니의 뜻을 따라 가까운 친지들을 모시고 간소하게 해드린다는 큰아들의 인사도 좋았지만, 잔치에서 만난 자녀들은 어머니와 얼굴만 닮은 것이 아니라 마음이 닮아있었다. 어머니를 위해 준비한 딸과 며느리들의 춤사위를 보며 권사님의 교육은 실천이고 살아 있는 교육이구나 싶었다.

자식들이 어머니를 위해서 준비한 것이라지만 부모와 자식 간에도 사랑은 주고받는 것이라는데, 무용을 전공한 것도 아닌 딸과 며느리, 손녀들이 석 달 동안 모여서 어머니의 팔순을 준비하였다고 한다. 예순 살인 큰딸에서부터 쉰이 넘은 며느리들, 어린 손녀들이 동원되어 연습하고 만들어 낸 아름다운 가락과 춤은 모인 분들이 모두 감동하고도 남았다. 머리카락이 희끗희끗한 아들과 사위들 그리고 손자들이 부르는 노래는 이름난 중창단이 무색할 정도로 아름다운 코러스였다. 여느 잔치에서 자주 보듯 창(唱)하는 사람을 모셔서 형식적으로 하는 것이 아니라 자식들의 정성을 담은 순서 하나하나는 평소에 권사님이 닦아 오신 인격과 범절, 그 요조함을 본받고 자란 자식들이 베푸는 효도였고 보답이었다. 손자 손녀들이 할머니에게 드리는 편지를 읽는다. 곧으면서도 청청하고 푸른 마음씨, 입가에 엷은 미소로 고마움의 답을 가만히 속삭인다. 자기만 오래 살아서 호강을 누린다는 말끝에는 먼저 가신 남편을 그리워하는 모습이 역력하다. 혼자라는 것 그것은 자신만 아는 외로움으로 보인다.

지금까지 살아오면서 어찌 행복한 환희 바람만 불었겠는가… 뜨락에 묻어둔 눈물도 있었을 것이고 아궁이에 태워버린 한숨도 있었을 것이다. 눈비도 맞으며 인내의 강도 건넜을 것이고 숨겨 둔 가슴앓이도 있었겠지만 보이지 않는다. 봄같이 따뜻하고 가을처럼 단단하게 영그신 권사님의 소리 없는 겸손의 향기만 내 앞에 가득하다. 그 향기는 나의 가슴을 채우고도 남는다.

(2008)

네 부모를 즐겁게 하며 너를 낳은 어미를 기쁘게 하라

(잠언 23:25)

갯마을에서

바다에서 심하게 요동치는 소리에 잠에서 깨었다. 거대한 기계의 움직임 같은 큰 소리다. 새벽 4시, 커튼을 열고 어두운 바다를 내려다보았다. 고기잡이 어선들의 일정한 속도와 질서 있는 움직임이 바다를 흔들고 있다. 뱃고동 소리도 리듬이 있고 템포가 있다. 파도를 헤쳐나가는 진동마저도 정확한 화음처럼 들린다. 깃발을 흔들며 불빛을 앞세우고 대해로 떠나는 행렬이 마치 전장(戰場)으로 나가는 함대같이 장엄해 보인다. 희망을 안고 시작하는 하루의 첫걸음이 위풍당당하다. 생계를 책임진 아들들과 아버지들의 치열한 몸부림을 보는 듯하다.

남쪽의 작은 포구 리조트에서 머무는 동안 어선들이 움직이는 새벽의 소리가 처음에는 소음으로 들렸다. 일정한 시간에 같은 소리를 듣다 보니 귀에 익어서 이제는 무사하기를 비는 가족의 마음으로 배웅을 한다.

바다는 누구에게나 열려 있는 곳간이다. 하루의 어획량에 따라 섬사람들의 기분은 달라진다. 웃음도 있고 아픔도 있다. 바다를 돈으로 산 것도 아니고 빌린 것도 아니다. 내 것 네 것 내 땅 네 땅 하고 경계를 정하고 선을 긋지도 않았다. 내 나라 영토 안에서만은 어디든지 그물을 던져서 건져 올리면 내 것이 되는 것이다. 육지에는 땅에 선을 긋고 내 차지 네 차지 뚜렷하게 구분을 짓는다. 그래서 많이 소유한 자가 부자가 된다. 그러나 바다는 모두의 것이다. 배 한 척에 그물만 있으면 내 나라 영내에서는 어디에서든 거둬들일 수 있으니 바다가 생활수단이고 터전인 것이다. 얼마만큼의 수확이면 오늘의 부푼 꿈을 채울 수 있을까. 넓고 넓은 바다를 향하는 어부들이 부디 만선의 기쁨을 안고 돌아오기를 빌어준다.

육지에 땅을 일구어 농사를 짓는 농부보다 바다가 업인 어부는 위험 부담도 크다. 파도와 싸워야 하고 폭풍우를 헤쳐나가야 한다. 두려움을 안고 벌이를 해야 하는 위험한 생업이다. 밭을 일구어 봄에 종자를 심고 가을에 거두는 농부는 여유도 있고 정서도 있을 것이다. 하루 벌어 하루 사는 갯마을 사람들은 어딘지 억세고 거칠어 보인다. 성격도 거칠지만 해풍에 그은 얼굴도 거칠다.

수평선이 바라보이는 리조트는 바다와 경계를 이루고 있어 전망도 좋지만 좁은 산책길 하나를 사이에 두고 있어 파도가 치면

리조트의 넓은 뜰에까지 바닷물이 들어왔다 나갔다 한다. 멀리서 보면 바다 가운데 둥실 떠 있는 섬처럼 보인다. 망망한 바다 멀리 수평선을 바라볼 수 있는 14층에서 갈매기의 날갯짓도 보고 울음도 들으며 쉬고 싶었다. 여객선도 타보고 바다에서 갓 건진 해산물과 갯가의 인정도 사고 싶었다. 이곳에 유숙한 지도 한 주가 지났는데 한가했던 마음은 잠깐이고 갯가 사람들의 생계가 내 생활처럼 어느새 갯내에 젖어 그들의 생활에 동화되어 가고 있다.

노점 한 귀퉁이에서 해지도록 조개를 까고 있는 할머니, 목판에 생선을 얹어놓고 파는 아낙들, 물미역을 엮고 있는 젊은 여자, 잡어들을 말리고 있는 노인들 모두가 안쓰럽다. 누가 어촌을 선택해서 살자고 한 것도 아닐 것이다. 부모 때부터 대를 이어 내림으로 살아가는 피할 수 없는 운명을 타고난 사람들이다.

숙소에서 시작되는 수륙(水陸) 길은 바다를 끼고 길게 이어져 있다. '이완' 이라는 팻말이 서 있는 작은 포구까지 왕복 9km의 산책로이다. 이 길을 걷는 것이 이곳에서의 유일한 운동이다. 천천히 걸으면 한 시간 반 정도 소요되는 거리라 하루도 쉬지 않고 걷는다.

산책로 중간지점에 낚시공원이 있다. 낚시공원은 바다 가운데 곧은길을 내어서 바다를 가로질러 방파제처럼 길이 길게 이어져 있다. 입장료도 받는다. 낚시꾼들의 한가로운 여유가 눈에 들어온다. 낚싯대를 드리운 강태공들의 느긋한 시간들이 망중한(忙中

閑) 같아 보이지는 않는다. 취미인 것도 같고 남아도는 시간의 소비 같기도 하다. 낚시꾼들과 어부의 삶을 견주어 본다. 여유와 서두름, 배부름과 허기짐, 넉넉함과 모자람, 참으로 불공평하다. 이래서 흙수저와 금수저라는 차별화된 모순이 태어난 것인가 보다.

새벽을 깨우며 위풍도 당당하게 고동을 울리고 떠나던 배들이 해거름이 되자 들어오기 시작한다. 값나가는 대어를 건졌을까. 하루 벌이도 못 했을까. 허탕을 쳐서 빈 배로 오나? 새벽에 떠날 때는 당당했는데 소리도 없이 조용히 들어온다며 나와는 상관없는 걱정을 하고 있다. 새벽은 세상이 조용해서 소리가 크게 들리고 황혼에는 세상 소리에 눌려서 돌아오는 뱃고동 소리가 작게 들릴 뿐 소리는 같다고 옆에서 해명해 주는 이가 있어서 마음을 놓는다.

포구의 포장마차는 하루 일을 끝낸 어부들의 뒤풀이장이다. 구릿빛 팔뚝에 굵은 심줄이 툭툭 튄다. 술잔을 부딪치며 노래 한 곡조도 빠지지 않는다. 술잔을 채우며 회포를 풀어낸다. 밤안개 자욱한 갯가의 밤은 깊어간다. 고단하지 않은 삶이 어디 있을까. 하루하루에 목숨을 건 어민들에게도 희망의 아침은 기다리고 있다. 속고 사는 인생이지만 언젠가는 이루어진다는 꿈도 있다. 건강한 몸이 있는 한 밑천이 필요 없는 바다라는 희망의 산지(産地)가 있어 얼마나 다행인가.

어두움이 내려앉은 포장마차에서 오징어와 멍게 한 접시를 주문해 놓고 밀려오는 파도를 바라본다. 며칠 사이 정이 들어서인지 이곳이 살던 동네처럼 정답다. 갯마을 사람이 다 되었는지 손에서도 갯내가 난다.

(에세이문학, 2017, 겨울호)

우리가 먹지 않는다고 해서 더 못사는 것도 아니고
먹는다고 해서 더 잘사는 것도 아니니라
(고린도전서 8:8)

가깝고도 먼 나라

우리나라와 일본은 대한해협만 건너면 금방인 이웃 나라다. 간단한 짐 하나 챙겨 들고 나서기만 하면 외국에 가는 기분도 내면서 쉽게 떠날 수 있는 여행지다. 비행시간이 짧아 지루함도 없고 언어도 조금은 알아들으니 편하다. 한문으로 쓰인 간판만 읽어도 쉽게 이해가 되니 크게 낯설지도 않고 음식도 가릴 것 없으며 기후도 비슷하고 시차(時差)도 없다. 간편한 복장에 제주도 여행하는 차림으로 다녀올 수 있는 부담 없는 곳이기도 하다.

좋은 점이 많은 일본 여행이고 단체나 모임에서 가야 하는 경우는 부득불 도리 없이 따라나서지만, 개인적으로는 가고 싶지 않은 나라다. 해가 갈수록 일본에 대한 치유되지 않는 적개심과 미움의 골은 깊어만 간다. 지나친 친절도 얄밉고 실내에서 입으라는 유카타라는 옷은 심한 모멸감마저 든다. 한국 사람한테까지 이 옷을 입게 하는 이유가 뭘까. 일본 여행 중에 단 한 번도 그 옷을 입은 적은 없다. 같이 여행하는 일행들은 거부감 없이 입는데 애국자도 아니면서 별난 여자 취급을 받기도 하고 뒤에서 눈총을 쏘는 것도 알고 있다. 남들은 별난 고집으로 보겠지만 나를 지키고 싶은 자존심이다.

미국의 인류학자 루스 베네딕트가 일본을 철저히 분석해서 쓴 『국화와 칼』이라는 책은 일본에 관한 고전 같은 연구서이다. 그 책에서 일본인은 한 손에는 국화꽃을 들고 다른 한 손에 칼을 든 두 얼굴이라고 기술했다. 이처럼 사전(事典)보다 정확한 정답은 더 이상 없을 것이다. 지나친 친절 뒤에 숨은 그들의 비웃음과 소곤대며 흘기는 눈, 야멸차면서도 겉으로 나긋나긋한 행동을 보면 그들에게 닥쳤던 쓰나미는 하늘에서 내린 재앙이라는 생각이 들 때가 있다.

일본 여행 중에 중부지방 북쪽 연안에 있는 토야마(富山)에 유숙하던 날, 저녁 식사시간에 모두들 유카타 옷을 입고 다다미방에 앉아서 일본 전통 음식을 먹을 때였다. 일행 중에 한 분이 조그마한 고추장 통을 상 위에 내어놓자 너도 나도 한 숟갈씩 떠가는 통에 고추장은 금방 동이 났다. 기모노를 얌전하게 입고 머리를 사뿐히 올린 교양 있어 보이는 식당 주인 여자가 우리 곁으로 왔다. "아, 조센징 고추장?" 하는 것이다. 유카타를 입은 일행들의 모습이 거슬려서 마음이 편치 않던 터인데 조센징이라는 말을 들으니 아물지 않은 상처에 매를 맞는 기분이었다. 다물었던 입이 열렸다. "조센징 고추장은 틀린 말이고 한국 고추장이야." 일본말로 언성을 높이며 대꾸했다. 너희들은 언제까지 우리들을 조센징으로 호칭할 것인가. 우리의 자존심을 밟으며 지배하려는 근성에 항의를 담은 내 말의 뜻을 그들이 알기나 할까마는 내 마음은 조금 후련했다. 우리는 손님이고 그는 밥장사다. 화난 내 얼굴을 피해 얼굴을 붉히며 나가 버리는 왜녀의 모습에서 잔인한 그들의 조상들로부터 유전된, 칼과 꽃을 양손에 든 모습을 보는 듯했다.

그들이 우리나라 사람을 비하해서 말할 때, 채찍으로 후려치거나 강제노역시키면서 하인을 부리는 태도로 무시하며 지껄이던 말이 '조센징' 이었다. 우리 국민이 그토록 싫어하는 것을 알면서 모욕적인 말을 한다고 생각하니 일본의 이중성에 몸서리가 쳐진다.

땅에 밥 낱이 흘러도 집어먹을 만큼 깨끗한 나라지만 언제라도 할복(割腹)할 준비가 되어 있는 武士(무사)의 나라가 일본이다. 무사(사무라이)는 자기들의 실수나 잘못을 인정하지 않으려고 자신을 공격하는 자결로 충성을 가장한다. 결국 하나의 무사가 죽음으로써 그 가족은 존경받는 지배계급의 후손으로 남게 되는 것이다.

이즈음 그들의 총리라는 자가 하는 짓이 일본의 본성이다. 강제위안부를 매춘으로 몰아가며 자기들의 파렴치한 죄를 덮어 정당화하고 합리화하려는 수단에 세계가 타도하며 나서는데도 꿈적도 하지 않는다. 총리라는 자는 731이라는 번호를 붙인 비행기를 타고 엄지를 흔든다. 731은 우리 백성을 강제로 끌고 가서 생체실험을 하던 일본군 부대의 이름이다. 그 부대는 우리 국민의 생목숨을 죽이던 군대였다. 조상들이 저지른 야만적인 행동을 그들은 대대로 물려받아 길이 보존하려고 악을 쓰고 있다.

우리 조상들은 그들을 섬나라 왜적이라 불렀다. 왜족은 나무판자로 신발(게다)을 만들어 신었고 속옷을 입지 않는 미개한 종족이다. 우리에게 게다를 신게 하고 몸뻬(일복)를 입혔다.

일본에 점령당한 우리나라에서는 해방되기 전날까지 비행기가 뜨는 날은 공습경보가 울렸다. 마당 가장자리에 깊이 파놓은 방공호에서 숨어 지내다가 대문 옆 모래통에 하얀 깃대가 꽂히면 밖으로 나왔다. 공습이 없는 조용한 아침이 생각난다. 그날은 해방된 날이었다. 어머니는 부엌에 쟁여져 있는 장작더미를 옮기고 있었다. 그리고 부엌 바닥의 땔감을 치운 자리에 호미로 흙을 파냈다. 거기에는 신기하게도 놋쇠 그릇들이 소복이 쌓여 있었다. 왜적에 뺏기지 않으려고 숨겨둔 놋그릇이 그렇게 많은 줄을 몰랐다. 그들은 탄약을 만들기 위해 우리의 놋그릇과 심지어 숟가락까지 빼앗아 갔다는 사실을 철이 든 후에야 알게 되었고 큰언니가 열여덟 살에 시집을 간 것이 강제위안부 동원을 피하기 위함인 줄도 후에야 알았다.

우리의 성(姓)도 이름도 빼앗아 갔던 일본이 사죄할 날은 언제일까. 가까우면서도 먼 나라 일본이 소리장도(笑裏藏刀)란 말처럼 웃는 얼굴 뒤에 칼을 숨기거나 칼을 감추고 꽃을 내미는 이중성을 보일 때마다 우리의 가슴은 더 차갑게 시려온다.

(한국수필. 2013. 8월호)

결박된 포로가 속히 놓일 것이니 죽지도 아니할 것이요
그의 양식이 부족하지도 아니하리라
(이사야 51:14)

칸쿤에서 만난 마야

우리나라에는 멕시코 칸쿤까지 가는 직항이 없다. 로스앤젤레스에 석 달 동안 머무르며 국내 여행처럼 편리하게 칸쿤을 갈 수 있었다.

멕시코는 소득 수준이 낮은 나라이지만 칸쿤은 관광수입으로 소득이 높은 도시답게 화려하고 국제적인 모습을 갖추고 있다. 거스름돈을 잘 주지 않는다는 말을 들었기에 멕시코 화폐인 페소(peso)를 환전하면서 나라의 수준을 가늠할 수 있었다. 신용카드가 자유롭지만 환율에 따른 이자가 만만치 않아서 되도록 경비를 절감하기로 다짐하였고 알짜배기 여행을 하고 돌아가리라 생각했다.

바다가 호텔의 뜰처럼 눈앞에 넘실대고 있었다. 투숙객 모두가 수영복 차림으로 바다에서 휴가를 즐긴다. 그렇게도 오고 싶었던 칸쿤을 한 주 동안 원 없이 누리려는 욕심을 채우기에 충분했다. 준비해 간 오리발은 파란 지평선이 보이는 바다에서 겁 없이 수영을 할 수 있는 여유와 방패가 되어 주었다. 엷은 비취색과 진한 감색으로 채색된 바다는 파란 하늘에 맞닿아 있었다. 너울처럼 일렁이는 에메랄드빛 그 잔잔한 바다는 쉼을 얻을 수 있는 최적의 요람이었다.

그곳에만 머물다가 돌아가리라 계획한 여행이었는데 또 다른 유혹을 받기 시작했다. 호텔에서 준비한 투어 프로그램을 이용하여 당일로 예정된 패키지였다. 세계문화유산에 등재된 마야 문명, 7대 불가사의라는 두 단어에 끌려 하루를 투자하기로 했다.

숙소에서 세 시간이면 갈 수 있는 치첸이트사(chichen Itza)는 멕시코 동북부 유카탄반도 정글지대에 있다. 천문학의 근원이라는 엘 카스티요(El Castillo)의 정교한 마야 문명을 만날 수 있었다. 1000년 전에 그들은 지구가 태양을 도는 것 등 신비한 천문학을 연구할 수 있었다니 놀라웠다. 표현할 수 없는 위대한 세월의 흔적 앞에 숙연해졌다.

우주를 관찰하던 천문대와 볼 경기장도 대단하지만 5m 두께의 돌계단으로 된 피라미드는 일 점의 오차도 없이 정연하였으며 동서남북으로 네 개의 계단은 91개의 층계로 이어지고 네 개의 돌계단이 합쳐진 꼭대기는 신전이다. 신전에 오르는 한 개의 돌계단이 있어 이를 합하니 삼백예순다섯 개의 계단이 되는 것이다. 일 년 365일, 일 년이라는 태양력을 상징하고 있었다. 신전의 높이는 25m이지만 경사가 없는 신전 꼭대기까지 밧줄이 이어져 있어서 91계단을 쉽게 오를 수 있었다.

천문학이 바로 여기서 시작되어 천 년 전에 달력을 만들었고 태양력을 만들어 놓았다니 그 문명의 위대함이 놀랍다. 그 정확성과 사계절의 변화와 년, 월, 일의 측정법을 무엇으로 찾아내었는지, 뙤약볕에 땀이 흐르는 것도 잊고 내 눈은 그 피라미드를 바라만 보았고 그 1000년 전에 내 마음은 머물고 있었다. 신비한 예술적 건축물과 천문학 지식이 이루어 낸 성(城) 꼭대기에 서서 아래를 내려다보는데 마치 마야 시대의 왕이 된 기분이었다.

중남미의 문명인 잉카, 아스텍과 함께 삼대 문명으로 알려진 마야를 한눈에 볼 수 있는 이 행운은 감격이었다. 숙소를 떠나 120km 떨어진 여기까지 달려와서 얻어낸 소득은 가슴을 채우고도 남았다.

우리나라의 측우기, 해시계를 생각했다. 그리고 봄, 여름, 가을, 겨울 사계절 안에 들어 있는 스물네 개 절기의 그 오묘함을 기억하며 입춘(立春)부터 대한(大寒)까지 절기를 하나하나 짚어보았다. 농사를 지어보면 여축이 없는 절기의 가르침이 얼마나 정확한지를 알 수가 있다. 봄에 파종하는 시기는 청명(淸明)이고 가을 김장배추는 처서(處暑)에 파종을 해야 적기다. 거두는 시기도 가을걷이는 입동(立冬)부터 거의 시작한다. 이렇게 확실한 절기를 만들어

놓은 우리 조상들의 탁월한 지혜도 이런 문명에 버금가는 위치에 둘 만하다고 생각했다. 그 옛날 사람들의 신비한 지혜가 고도로 발달한 과학의 힘보다 더 놀랍다는 것을 깨닫는다.

푸른 바다는 몸을 즐겁게 하는 것이라고 한다면 잉카문명의 발상지에서는 배움의 기쁨을 얻고 마음의 양식을 가득 채웠다.

지금은 비록 멕시코가 저소득의 국가이지만 그들의 조상들이 남겨놓은 위대한 유산은 많은 세계인들이 찾아오는 관광지가 아닌 과학과 문화의 중심에 서 있던 나라였음을 떨칠 수가 없다. 더 나아가 세계인들이, 특히 과학자들이 이곳을 찾아 얼마나 많은 자료와 문화를 보며 감동할까. 태평양 너머 작은 땅 한국의 조그마한 아낙네가 마야인들의 문명 앞에 처연히 고개 숙이고 가노라고 전하고 싶다.

(2006)

하나님이 모든 것을 지으시되 때를 따라 아름답게 하셨고
또 사람들에게는 영원을 사모하는 마음을 주셨느니라
(전도서 3:11)

사해(死海)와 갈릴리

성지 순례 길에 가장 가고 싶은 곳이 이스라엘이고 그중에도 사해와 갈릴리 호수다. 호수라지만 더 넓은 바다다. 사해는 염해 또는 죽음의 바다(Dead sea)라고 하여 고기가 살지 못하고 풀 한 포기 없는 소금바다이다. 갈릴리는 고기가 서식하여 식물이 되어주고 주변이 수려한 옥토다.

강수량이 적은 중동지역은 척박한 땅들이 대부분이다. 이스라엘의 수자원은 눈 쌓인 헤르몬산이다. 2814m의 높은 산에서 한 해에 흘러내리는 강수량이 1500mm라고 한다. 비가 적은 나라에서 이 빙하는 생명의 물이요 이스라엘의 젖줄이다.

헤르몬산의 물은 갈릴리 호수로 흘러 들어간다. 갈릴리는 성경에 많이 나오는 지역이다. 이곳에서 어부로서 생계를 꾸려가던 베드로가 그물을 버리고 예수님의 수제자가 되었던 곳이요, 물 위로 걸어오시던 예수님의 기적이 서려 있는 곳이기도 하다.

갈릴리로 들어온 물은 다시 요단강으로 보내진다. 받은 만큼 주고 준 것만큼 받아 채워지는 갈릴리는 항상 물이 넉넉하다. 물이 지나가는 요단 들판은 기름진 옥토여서 농산물이 풍성하다. 요단강도 받은 것을 다시 사해로 보낸다. 주고받는 순환이 잘 이루어지다가 사해에서 멈춘다.

사해(死海)로 흘러 들어간 물은 보내질 곳이 없어 그대로 잠겨있다. 지구에서 가장 낮은 사해에서는 가야 할 곳을 찾지 못하고 주저앉는다. 갈 곳이라고는 태양의 따가운 햇볕을 받아 공중으로 증발하는 것뿐, 결국 소금바다가 되고 마는 것이다. 이 염해에는 생물이 서식하지 못하니 죽음의 바다가 되었고 주위는 소금 벽으로 황무지처럼 황폐하다. 나누어 주면 풍성해지고 움켜쥐면 짠 소금이 되어버리는 진리를 자연에서 배운다. 인정 없는 사람을 우리는 왕소금이라고도 하고 짠돌이라고도 한다. 베풀고 나누면서 오순도순 사는 것이 어찌 사람뿐일까.

물의 근원인 헤르몬산의 빙하는 만인을 사랑하는 자비의 마음이고 선물이다. 우물을 퍼내면 퍼낼수록 마르지 않고 나누어 마시면 마실수록 단맛이 난다고 하지 않던가. 갈릴리 호수와 요단강처럼 주는 기쁨, 나누는 행복은 웃음이요 노래요 기쁨이다. 희락의 소산이요 사랑과 평화의 상징이다. 사해에 소금덩어리는 욕심의 결과요 죽음이요 울음이다. 인적이 드물어 사는 이가 없는 깊은 적막이다.

부모 사랑에 목마른 아이한테 30여 년 전에 갈릴리가 아닌 물 한 모금 같은 정(情)이라는 작은 씨앗 하나를 심었었다. 아이는 잘 자라서 어른이 되고 멋진 아들이 되어주었다. 사람 사는 법을 아이한테서 배운 것 같다.

정이 그리웠던 열한 살짜리 아이를 만난 것은 지방의 한 도시 고아원에서였다. 그 도시에서 남편의 임기를 마칠 때까지 원하지도 않았는데 의무적으로 그 아이의 후원자가 되어 주어야 했다. 고아원을 찾을 때마다 아이는 나를 엄마라고 불렀다.

남편이 2년의 임기를 끝내고 그곳을 떠나는 날, 마지막으로 아이를 한번 보고 떠나려고 고아원에 들렀다. 하직 인사를 하는 나를 향해 "엄마도 떠나면 다시는 만나지 못하겠지요." 당돌한 물음에 대답을 못 하고 서 있었다. "다른 분들도 다들 그랬으니까요. 안녕히 가세요." 그사이 5학년이 되어 철이 든 아이는 눈물이 고인 채 내 눈을 쳐다보며 말했다. 새로 부임하는 분에게로 자리의 바통이 넘겨지듯 고아인 아이도 지금까지 새로 부임하는 분에게로 짐짝처럼 넘겨지고 넘겨졌던 것을 그때 처음으로 알았다. 정이 들 만하면 가버리는 시한적인 엄마들 때문에 어린 가슴이 얼마나 상처를 받았을까. 어른들이 생각 없이 저지른 일이 아이에게 못 할 짓을 한 것을 생각하니 내 자리에서 속죄하고 싶었다.

임기 동안 정이 들었던 엄마는 말도 없이 떠나고 새로 부임해 온 후원자로 바뀔 때마다 아이는 얼마나 가슴으로 울었을까. 그럴 때 후원자는 임기 동안에 치러야 할 과정에 불과한 예사로운 일로 여겼음을 알았다. 망설임도 없이 "나는 영원히 네 엄마다." 하고 그를 꼭 껴안았다. 포옹은 사랑한다는 말보다 더 정직한 표현이다. 정이 그리운 아이한테 더 이상 약속한 사람으로 남고 싶지 않았다. 손을 흔들며 "엄마, 나는 공부 잘해서 목사가 될 거예요" 소리치는 아이를 보며 내가 한 약속을 지키리라 다짐했다. 그는 내 아들이 되었다. 우리 집 아이들과 형 누나 하며 막내라고 불렀다. 그는 명문 Y대학에서 신학을 공부하였고 독일 하이델베르크에서 유학하여 박사학위를 받고 목사가 되었다. 지금은 마흔을 넘긴 의젓한 아버지요 가장이다.

이른 아침 꽃이 배달되었다. 멀리 있어도 잊지 않고 아버지의 생일을 기억하고 보내온 예쁜 화분을 보며 어린 열한 살 적의 그를 생각한다. 그가 유학 떠날 때 내가 적어준 성경구절을 지금도 간직하고 있는 착한 아들. 얼마 전에 아기 백일일 때 백화점에서 아기 옷을 고르며 나는 얼마나 행복했는지 모른다. 그가 나아가는 목회의 길에 헤르몬산의 이슬 같은 잔잔한 은혜가 흘러내리고, 갈릴리 호수처럼 나누고 베푸는 선한 목자가 되어 메마른 심령을 채우고도 남는 목회자의 길을 가기 바라는 나의 기도는 끝없이 이어지고 있다.

(2014)

헤르몬의 이슬이 시온의 산들에 내림 같도다
거기서 여호와께서 복을 명령하셨나니 곧 영생이로다
(시편 133:3)

아이들의 고향 성북동(추억의 사진 한 장)

성북동은 서울로 이사 와서 처음으로 살았던 동네다. 생후 7개월 된 딸아이를 업고 큰아이는 걸리며 찾아든 이곳에서 30여 년을 살았다. 우리 아이들은 성북동을 저희들의 고향이라고 한다. 산동네에서 아랫동네로, 다시 옆으로 조금 비껴가며 같은 동네에서 세 번을 이사하였다. 사진의 한옥은 정붙이고 가장 오래 살았던 두 번째 집이다.

교회가 있는 성북동에 갈 적마다 옛집 앞을 서성거린다. 나의 젊은 날의 열정이 그곳에 가면 보이기 때문이다.

처음 우거했던 집은 택시도 가기 싫어하는 산동네였다. 그곳에 살면서 소원 하나를 가슴에 품었다. 아랫동네 평지에 아담한 한

옥을 갖고 싶은 꿈, 그것은 나의 염원이며 이상이었다. 우리 집 가계(家計)로는 아득하고 요원한 바람이지만 주거환경이 반듯한 지역에서 아이들을 키우고 싶은 간절함이 분에 겨운 소원을 갖게 하였다.

나라에서는 경제개발 5개년 계획을 세우고 잘살아 보자는 구호를 외치며 새마을 운동을 벌이던 시절이었다. 초가집도 없애고 마을 길도 넓히는 농촌의 변화가 전국을 흔들던 때였다. 외치는 구호는 없었지만 내 가슴 안에서도 소리 없는 잔잔한 계획이 깃발을 흔들고 있었다. 이울거나 물러섬이 없는 신념은 무겁게 굳어갔다.

돌이켜 보면 우연이 아니었다. 나라의 정책이 나와 무관하지 않았던 것이, 남편이 새마을 운동의 주무부서에서 근무를 하다 보니 자나 깨나 새마을이었다. 그 영향의 끈은 내 생활에 자연스럽게 스며들어 풀지 못할 매듭을 묶어 주었고 삶의 방향을 뚜렷하게 세워 주었다.

낭비 없는 살림의 기준을 세웠다. 배고플 때 필요한 것 외에는 외면하고 치장의 유혹도 멀리하다 보니 절제된 생활에 길들어져 갔다. 성북동에서 정릉, 미아리, 종로 정도는 발품을 빌어 교통비를 줄이는 것은 예사였다. 이러한 담금질이 엇나간 억지 같지만 내가 할 수 있는 최선의 경제적 수단이었고 꿈을 이루기 위한 시작이었다. 지금도 멀거나 가깝거나 겁 없이 걷는 것은 그때 단련된 습관이다.

작은 살림을 미련하게 지탱해 가면서도 고달프다고 생각지 않았다. 빗방울이 모여서 강물을 이루고 모래알이 모이면 탑이 된다는 어머님의 말씀이 힘찬 응원이고 칭찬이며 격려가 되어 주었기 때문이다.

정해진 수입에서 내핍은 어느 선까지는 가능하지만 한계가 있었다. 전기 계량기의 숫자를 보며 정해놓은 양만큼을 초과하지 않으려는 인내력, 비가 오면 간간이 스며드는 지붕의 기와를 바꿔 끼우는 일, 도배를 하고 장판을 바르는 쉽지 않은 일도 삯을 아꼈다. 심지어 연탄아궁이를 교체하는 일도 남의 손이 필요하지 않을 만큼 내 손은 집안의 잡역에 잘 단련되어 있었다. 이렇게 미련하고 무지해 보이는 내 주장이나 뜻이 통했다는 것이 지금 생각해도 얼마나 다행인지 모른다.

시대가 바뀌어 지금의 젊은이들은 내 집에 대한 집착도 없어지고 주택보다는 자동차가 우선인 세상이 되었지만, 우리가 살아온 세상은 집의 가치가 나의 존재를 대변하였고 생활수준을 의미했다. 내가 바라는 아랫동네에 한옥만 소유할 수 있다면 희망의 추구가 거기서 끝난다 해도 후회가 없으리라 생각했었다.

딸아이가 일곱 살이던 해에 꿈꾸던 평지의 한옥으로 이사를 했다. 집을 바라만 보아도 흐뭇하고 승리의 송가라도 부르고 싶은 마음이었다. 이삿짐의 정리도 미루어 둔 채 가장의 이름을 새긴 대리석 문패부터 대문에 걸었다. 소유주라는 권위의 상징인 문패는 결혼 10년 만에 이루어 낸 땀의 결정(結晶)이었다. 남들이 보기에는 그저 그런 집일지 몰라도 서른여섯 살의 여자는 부자가 된 것 같았고 세상을 다 얻은 것처럼 충만했다. 아이들의 햇살 같은 웃음과 온유한 눈빛으로 등을 다독이며 '상 받을 새마을 지도자는 당신' 이라던 남편의 한마디는 전량(錢糧)이었다.

대들보에 새겨진 선명한 상량(上樑) 연도와 끝에 연지 바르듯 하얀 칠을 한 서까래의 멋, 방마다 여닫이 덧문에 그려진 동양화는 멋과 풍류를 아는 분들이 살다 떠난 흔적으로 남아 있었다. 대목(大木)이 되는대로 적당히 끼워 맞추어 지은 것이 아니라 운치와 기품이 어우러진 집은 든든한 축대 위에 세워져 있었다. 투박한 철문을 들어서서 일곱 계단을 오르면 반들반들하게 바니시를 칠한 윤기 흐르는 또 하나의 대문은 한옥의 멋을 더해 주었다. 사방 처마 끝은 하늘을 향해 곡선을 그으며 비상하는 새의 날개처럼 힘차게 뻗어 나갔다. 초등학생인 아들 몫으로 방 하나를 내어줄 만큼 다섯 식구가 살기에 넉넉했다. 담장 위에 철망을 따라 덩굴장미가 피는 여름과 앞마당에 하얀 목련이 피고 지는 봄밤의 향기, 붉은 샐비어가 문전에 가득 피는 가을, 꽃씨를 심고 열매를 거두며 행복했던 집이었다.

마루와 기둥을 직접 칠하며 집을 가꾸고 자투리 천으로 계절 따라 커튼을 만들면서 행복해했고 편리한 구조로 내부를 하나씩 개조하는 기쁨도 있었다. 갓 쓰고 양복 입었다는 목사님의 말씀 속에 담긴 뜻은 양옥이나 아파트를 염두에 둔 것이겠지만 정한(情恨)이 깊은 이 집에 대한 고집스러운 애착은 대궐을 부러워하지 않게 했다.

지금은 더 편리하고 좋은 환경에서 살고 있지만 거처하는 주거지의 개념 외에 별다른 의미가 없다. 사진 속의 집은 하나님이 내리신 축복의 터전이었고 나의 젊은 날의 모습이며 향수이다. 교회가 있는 성북동에 갈 적마다 옛집 앞을 서성거린다. 나의 젊은 날의 열정이 그곳에 가면 보이기 때문이다.

(에세이21. 2014. 겨울호)

네 마음에 소원대로 허락하시고
네 모든 계획을 이루어 주시기를 원하노라
(시편 20:4)

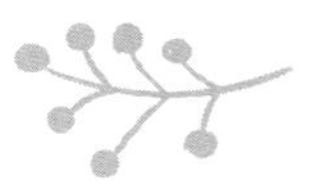

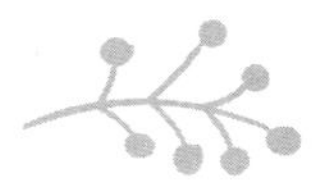

2. 손등에 그려진 이력서

손등에 그려진 이력서 | 백아(伯牙)와 종자기(鍾子期)

황혼의 시가(詩歌) | 나만 부르는 이름

가을의 문턱에서 | 생일 포스터 | 원점 | 계란예찬

부대찌개 먹는 날 | 날아라 앨버트로스 | 명품

손등에 그려진 이력서

잠이 들었는지 잡고 있던 내 손을 놓는다. 밤을 새우는 동안 아픔은 고통으로 이어지고, 시간은 멈추듯 더디 가는 긴 밤이었다. 잠들게 한 것은 약발인지 고른 숨소리가 편안하게 들린다.

수술 후에는 스물네 시간 동안 물 한 모금도 금기(禁忌)다. 앞으로 여섯 시간은 더 견디어야 물을 먹는다. 물에 적신 거즈가 입술에 닿으면 열기로 금세 마르고 오한과 신열이 반복되는 중에도 내 손을 붙들고 긴 밤을 같이 새웠다. 입안이 소태처럼 쓰기는 나도 마찬가지건만 내가 할 수 있는 것은 손잡아 주는 것뿐이다.

손등을 쓰다듬어본다. 나이는 손이 먼저 먹는다더니 여울의 조약돌처럼 매끈하던 손이 어느새 이렇게 겉늙고 쇠잔해졌을까. 살갗 밑으로 푸른 정맥이 도드라져 강줄기처럼 흐른다. 푸른 강은 팔목에서 시작되어 서너 가닥이 손가락 갈림길까지 내려와 머문다. 어슴푸레한 핏줄은 실개천처럼 흐르다가 큰 줄기와 합류하기도 하고 이리저리 방향 없이 흩어진다. 이랑을 지은 주름이 비탈진 골짜기의 다랑논처럼 구불구불 손가락 마디를 넘지 못하고 주춤거린다. 헤아릴 수 없는 많은 일들을 처리했던 손이 눈서리 맞은 겨울나무처럼 처연(凄然)하다.

손이라고 다 같을 수는 없다. 사람마다 하는 일이 다르다. 남편은 글씨 쓰는 일이 노동이었다. 더구나 독특한 필체는 그를 대변해 주는 얼굴이었다. 퇴임하는 날까지 가장 힘들었을 손을 만져보니 회한(悔恨)이 밀려온다.

처음으로 발령받은 지방근무지에서 그의 글씨체는 인정을 받게 되었고 그것이 계기가 되어 중앙부처로 발탁되어 영전하는 기쁨도 있었다. 손은 그가 가진 밑천이고 필체는 자본이었던 셈이다. 손등을 들여다보고 있자니 그가 이루어낸 것과 잃은 것, 추구하던 꿈까지도 새겨 놓은 듯이 이력서처럼 역력히 떠오른다.

바람처럼 지나가는 세월 앞에 강물처럼 조용히 살아오느라 힘겨워서 척추가 어긋났을까. 열정이 넘치던 청춘의 강도 너무 깊어 고달프게 건너야 했고 남들은 지름길로 수월하게 가는 길을 그는 순방향을 돌고 돌아 중년의 협곡을 넘기도 했다. 때로는 보이지 않는 힘에 밀려 낙심하면서 받아들일 수 없는 결과에 주저앉기도 했다. 숨이 차게 뛰었는데 놓쳐버린 버스처럼 희망이 비껴갈 때가 얼마나 많았던가. 그럴 때마다 이 손 위에 내 손을 포개고 때로는 마주 잡고 기도했던 시간들이 손등 마디마디에 숨어 있는 듯하다.

남편 책상 위에 놓인 필갑에는 만년필이 몇 개 들어있다. 그중에도 가장 오래되고 낡은 만년필을 부드러운 천으로 정갈하게 닦아서 써 보다가 제자리에 놓는 모습을 종종 보았다. 그보다도 가볍고 맵시 있는 만년필이 여럿 있는데도 유난히 그 만년필에 애착을 갖는다. 버려도 아쉬울 것 없고 누가 집어 가지도 않을 것이라는 생각은 내 기준이다. 투박해서 무겁고 색도 바랜 만년필에 애정을 갖는 속내를 아는 이는 나뿐이다. 밤낮을 가리지 않고 일하던 젊을 때를 기억하며 또 향수에 젖나 보다 생각하면 마음이 아리다.

너나없이 어렵던 시절, 퇴근하여 집에 들어서면서 상기된 얼굴로 황금색 만년필을 보여주었다. 금장으로 된 파카 만년필이었다. 케이스도 없고 종이에 돌돌 만 것을 안쪽 호주머니에서 내어 보이는 것으로 보아 새것 같아 보이지는 않았다. 사무실에 드나드는 중고품 상인한테서 헐값에 샀지만 쓰는 데는 길든 것이 편하고 좋다고 했다. 빛나게 새것을 산 것도 아닌데 얼마나 갖고 싶었으면 헌것을 샀어도 얼굴 가득히 행복한 웃음일까 싶었다.

아무리 편하고 좋은 집에 살아도 단칸 셋집에 살다가 처음으로 작은 내 집을 마련했을 때의 감격을 잊지 못하듯이 갖고 싶었던 금장 만년필에 대한 정은 지금도 첫사랑처럼 아련한 것 같다. 사십여 년이 지나다 보니 금색은 은색으로 바랬다. 얄팍하고 버겁지 않아서 손안에 안기는 참한 만년필에 비하면 몸통이 굵어 잡기도 불편하지만 글씨도 곱지 않아 보인다. 그런데도 곁에 두고 시간만 나면 만지작거리다가 끄적거린다. '이 만년필로 참 많이 썼지,' 혼잣말처럼 흘린다. 오랜 세월 자신과 동행한 낡은 만년필이 산 증인 같을 것이고 가까운 벗처럼 여겨지는 것이다. 항상 눈앞에 두고 자주 만지면서 옛날을 생각하는 모습을 볼 때마다 저 마음을 누가 알까 싶다.

남편을 볼 때마다 곧은 성격과 직업이 참 조화를 이루었다는 생각을 한다. 천직이란 말이 어울리는 사람이다. 살아가기 위해서 일하는 것이 아니라 의무와 책임이라는 인식이 가득한 사람이다. 실수하지 않으려는 자제력은 구김살 없는 생활의 기본이 된 듯하다. 무엇보다 고마웠던 것은 어떤 시대 앞에서도 흔들림 없이 사명감을 방패 삼아 본분에서 이탈하지 않고 오직 한 길로만 달려온 그의 강직함이다.

수술을 하기까지 척추가 불편한데도 참고 잘 견디어 왔다. 허리가 약해진 원인도 앉아서만 일한 후유증이라는 진단을 받은 지 오래되었다. 앉은 자세가 늘 한쪽으로 기울어져서 평형이 유지되지 못한 것이 발병의 시초였던 것이다.

푸른빛을 잃지 않고 겨울을 나는 겨울나무처럼, 아픔도 걷어내고 일어나 힘차게 내리막길도 오르막길도 손잡고 걸을 수 있으면 얼마나 좋을까. 동이 트는지 동창이 희부옇다. 그사이 간호사가 주사를 놓고 갈 때 잠시 눈을 뜨더니 내 손을 꼭 잡고 두벌잠이 들었다. 그의 마음처럼 손이 따뜻하다.

(에세이21. 2017. 겨울호)

오직 나와 내 집은 여호와를 섬기겠노라

(여호수아 24:15)

백아(伯牙)와 종자기(鍾子期)

살아갈수록 사랑이라는 말보다는 우정이라는 단어가 더 믿음직스럽다. 쉽게 더웠다가 쉽게 식어버리는 그런 정이 아니라 뭉근하여 오래오래 식지 않고 미지근하지만 푸근한 것이 우정일 것이다.

참된 벗은 난초처럼 향기 나는 사귐이란 뜻으로 지란지교(芝蘭之交)라고도 하고 나를 이해하고 알아주는 참다운 친구를 지기지우(知己之友), 또는 지음(知音)이라 한다. 깊은 우정을 나타낼 때 사용되는 어구들이다.

지음은 글자 그대로 소리를 잘 듣는다는 뜻이다. 중국의 춘추전국시대에 거문고의 명수인 백아(伯牙)는 종자기(鍾子期)라는 친구가 있었다. 백아의 거문고 소리의 가치를 그 누구도 몰라줄 때 친구인 종자기는 그 가락의 청아함을 감상하며 인정해 주었다. 백아가 흐르는 물을 생각하며 거문고를 타면 듣는 종자기는 넘칠 듯이 흘러가는 황하 같다고 하였고 높은 산을 생각하며 거문고를 타면 웅장한 태산이로다 하며 맞장구쳤다. 연주자의 음악적인 표현까지도 감지하는 멋진 지음의 친구 사이였던 것이다. 종자기가 세상을 떠났을 때 백아는 거문고 소리를 들어줄 친구가 없음을 한탄하여 거문고 현을 끊고 다시는 켜지 않았다고 한다. 이로 인해 백아절현(伯牙絕絃)이라는 고사성어와 함께 내 소리를 들어주는 친구를 일컬어 지음이라는 사자성어로 전해져 오고 있다.

어디쯤에서 끝날지 모르는 여정에 지인(知人)은 많고도 많지만 지음이라고 부를 만한 친구는 참으로 드물다. 생각이 같고 말이 통하고 눈빛만으로도 내 마음을 감지하며 눈물의 기미도 눈치채는 친구, 마음을 열어 다 보여주어도 부끄럽지 않고 속 깊은 말을 해도 탈이 없는 친구, – 온 세상이 다 나를 버려 마음이 외로울 때도 "저 마음이야" 하고 믿어지는 그 사람을 그대는 가졌는가. – 함석헌 선생님의 시처럼 지음이라고 불러보고 싶은 미더운 친구를 기억할 때 내 마음이 따뜻해진다.

친구와 지내온 날을 헤아려 보니 강산이 두 번이나 변했다. 이십여 년이면 짧은 세월이 아닌데 어제가 오늘이고 오늘이 내일이다. 우리 사이는 높거나 낮음이 없으니 폭이 없고 간격의 거리가 없다. 틈이 없으니 공간도 없다. 신뢰로 엮어온 두터운 세월이다.

나의 거문고가 수필이라면 종자기 같은 친구다. 변변찮은 글이 수필지에 실리면 낱낱이 모아두고 외우다시피 탐독을 하는 신실한 독자다. 단어 하나 문장 속에 들어 있는 비밀스러운 느낌까지 찾아서 읽어 주는 종자기다. 눈으로는 글을 읽고 스토리는 마음으로 그림을 그린다는 친구이다.

보이지 않는 신뢰가 모이고 모여서 깊은 우정의 탑이 쌓였나 보다. 내 치부를 다 드러내어 보여도 부끄럽지 않고, 들은 대로 본 대로 앞뒤 맞지 않게 주절대어도 맞장구를 쳐준다. 차림새에 신경 쓰지 않고 아무렇게나 입고 만나도 편하다. 성근 머리 바람에 날려 뒤통수가 훤히 드러나면 손가락 두 개로 설설 빗겨준다. 무엇이든 순수하게 받아 주어 득인지 손해인지 따지지도 않는다. 내가 권하는 수필지는 5년, 10년, 장기구독도 서슴지 않는다. 우정의 바탕은 믿음과 신뢰이다.

가족 간의 정은 혈통으로 이어온 끈끈한 핏줄의 관계이다. 공평하게 누구에게나 주어진 풀어지지 않는 맺음이라면 친구는 남이다. 우리는 동향인도 아니고 동창도 아니다. 살아온 과정도 다르고 사는 것도 확연히 다르다.

곧은 성격에 실수가 없는 것이 타고난 친구의 흠이라면 흠이다. 우리는 양심을 덮은 덮개가 없으니 속과 겉이 다를 수가 없다. 흠이 많고 실수가 많은 쪽은 항상 나인데, 내가 좋아하는 사람을 좋아해 주고 실수해도 덮어주고 자신의 감정은 감추어 두었는지 배려하는 마음이 하해 같기만 하다. 벼랑 끝에 서 있어도 그가 와서 손잡아 줄 것처럼 믿고 산다.

어느 지인이 친구보험 잘 들었다고 하기에 보험료 인상 걱정 없고 재계약도 없으며 100년까지 보장되는 최고의 상품이라고 대답한 적이 있다. 보장보험을 든 것은 바로 나구나 싶다. 많은 세월을 살아오면서 견고한 성처럼 단단한 우정이 무너지지 않고 더욱 튼실해진 이유는 내가 아니고 친구의 하해 같은 마음이다. 뿌리 깊은 나무는 바람에 흔들리지 않고 샘이 깊은 물은 가뭄에도 마르지 않는다. 깊으면서 든든한 친구는 수십 년을 얽어 놓은 밧줄처럼 단단하며 나보다 나를 더 잘 알고 있다.

요즈음 그 친구가 많이 힘들다. 남편이 오랫동안 병원 출입이 잦더니 결국 입원을 한 지 오래다. 한 사람이 아프면 가족도 반은 아프다. 병원에서 남편과 같이 지낸다. 하늘 청청 맑은 날에 같이 걸은 때가 언제였던가 싶다. 살아오며 겪은 아픈 질곡의 추억을 주고받으며 걷던 길을 오늘도 혼자 걸었다. 대신 짊어질 수 없는 짐이라 애타 하는 내 마음을 알아서 하루에 한 번씩 상황을 자세히 전해 준다.

병원에 찾아가서 둘이서 냉면집으로 간다. 그동안 밀린 얘기 다 털어놓으면 내 가슴은 후련하건만. 그는 말에도 쉰 소리가 나고 병원의 답답함이 얼굴에 덕지덕지 묻어 있다. 그런 중에도 웃음 잃지 않고 내 아픈 곳을 먼저 챙기고 쓰다듬는다. 그 넓은 가슴이 큰 나무처럼 든든하다. 모진 북풍과 혹한의 밤을 이겨낸 나무가 아름다운 악기의 재료가 되듯이 시련을 극복하고 피어난 인고의 꽃, 에델바이스처럼 참 아름다운 친구다. 역경은 빛나는 미래의 또 다른 이름이라고 하는데 이 고난의 강을 건너서 친구 남편이 회복되는 날을 고대하며 기도한다.

언제나 내가 쓴 글에 애정을 품고 읽으며 공감하는 지음인 친구, 글의 배경까지 찾아내는 종자기가 내 곁에 있는데 백아의 거문고 소리 같은 글을 나는 언제 써 볼 수 있을까.

(2018)

사랑하는 자들아 하나님이 이같이 우리를 사랑하였은즉
우리도 서로 사랑하는 것이 마땅하도다
(요한1서 4:11)

황혼의 시가(詩歌)

조반이 끝난 후 커피 두 잔이 식탁 위에 놓인다. 차를 마신다는 즐거움보다 커피의 은은한 향이 집안을 부드럽게 하고 고요를 걷어낸다. 마주 보고 앉아도 할 말이 없어 적막이 감돌던 우리 집에 따뜻하고 정다운 말이 오고 간다. 변화의 시작은 어려우면서 쉬운 것 같다. 커피 한 잔으로 냉랭하던 집안에 이렇게 훈훈한 온기가 가득하다.

전례가 없던 일이라 앉아서 대접을 받는다는 것이 처음에는 어색하고 민망했다. 이제는 당연한 일로 여겨지니 사람이나 생활이나 길들이기 나름인가 보다. 그냥 넘길 수 없는 순서처럼 준비된 아침 커피 시간이 공간을 채우기까지 우리는 많은 시간을 침묵 속에 허비한 것 같다.

처음에 커피를 준비하는 남편을 보며 뜻밖이라는 생각도 들었지만 예사로 한번 해 보는 것으로 알고 별로 감동하지 않았다. 내 생각과는 상관없이 과묵 속에 숨어 있는 그의 의지가 작심하기까지 망설임도 많았을 것이다.

아침마다 새롭고 늘 새로운 날의 계속이다. 앉아서 작은 일이든 큰일이든 주문하고 요구만 하던 사람이 이렇게 달라지기까지 남이 알지 못하는 마음의 훈련을 하지 않았을까 싶다. 분에 겨운 호강을 하고 살아도 되는 것인지, 나의 존재가 어느 날부터 기준을 웃돈다는 착각을 한다. 단지 차 한 잔일 뿐인데 여자라는 것이 이렇게 낮은 점수였던가 싶기도 하다.

혼합된 봉지 커피를 컵에 붓고 더운물 적당히 부은 커피와는 사뭇 다른 우리 집만이 갖는 향기요 맛이고 브랜드다. 그동안 남모르는 수련을 쌓은 후 이제는 안정된 장인(匠人)에 이른 듯하다. 오직 내 취향을 염두에 두고 우려낸 향과 맛은 실패를 거듭한 후에 얻어낸 결과로 보인다. 뽑아낸 커피 맛이 이제는 전문가의 솜씨가 무색하다. 나는 그의 노하우를 알 필요가 없다. 이따금 한 번씩 환호할 뿐이다. "바로 이 맛입니다. 최고입니다." 하는 한마디에 그는 성공한 사람처럼 기분 좋게 웃는다.

그는 정해진 시간에 하나뿐인 단골손님인 아내의 마음을 살 수 있는 일이 생겼다. 그뿐만이 아니다. 아들 식구 딸 식구가 집에 오는 날이나 내방객이 있어도 차 준비는 남편 담당이다. 세상의 어느 커피전문가도 만들어 내지 못하는 부드러우면서 향기 짙은 잔을 받을 때마다 커피의 맛보다 더 진한 섬세한 그분의 향기를 음미한다. 퇴직 후 처음으로 시작한 창업이 성공했다고 농담을 하면 단골이 되어 주어 고맙고 잘 먹어 주어서 고맙다고 한다.

당신을 위해 해 준 것이 너무 없는 사람이 이것만이라도 할 수 있어서 다행이라는 말을 하던 그 날 이후, 삶을 바꾼 사건이며 그가 만들어 낸 가치 있는 새로운 시간이다. 행복지수라는 말을 많이 듣는다. 우리 집의 점수는 얼마일까.

움직일 수 없을 만큼 몸이 불편했을 때 이 잔인한 처지에서 회복되면 다시 본래의 주방장 위치로 돌아가는 것은 너무나 당연한 것이었다. 그런데 나의 처절한 낙상이 있고 난 이후 지금까지 그의 봉사는 이어지고 있으니 위대한 발전이고 획기적인 탄생이다. 처음 먹은 마음 그대로 커피포트를 들고 종신 담당을 자처하는 그를 보면 다른 사람 같아 보인다.

늦은 시간까지 밥상을 차려 놓고 기다리던 때를 생각하면 꿈을 꾸는 듯하다. 꿈도 접고 가정부의 수준에서 머무는 밥순이의 처지를 비관하며 나락(奈落)으로 추락하는 나 자신이 얼마나 무능해 보였던가. 이성적이지 못하고 감성에 북받쳐서 원망으로 가득 찼던 지난날을 돌아본다. 배려하기보다 언제나 주장을 앞세우면서 수없이 겪어온 시행착오의 시간들과 비교하면. 기다림도 없고 불평도 없는 지금의 생활이 훨씬 멋지다.

황혼이 깊어 간다. 덤처럼 쌓아온 정으로 사는 나이가 되었다. 젊어서는 부부도 기(氣)를 세울 때가 많았다. 그것이 소리 없는 경쟁이었고 자존심이었다. 같이 걸어온 자욱을 돌아보며 그저 고마워하며 산다. 정은 무엇일까. 불쌍히 여기며 고마워하는 마음이지 싶다. 멀어져 있던 마음이 서로를 향해 다가서고 상처에도 새살이 돋아나고 큰 것도 작은 것도 이해가 되면서 너그러워졌다.

헝클어진 실타래는 고를 찾으면 풀어지고 실패에 가지런히 감아 두고 필요한 만큼씩 쓰면 되는 것이다. 엉킨 것을 풀어볼 생각보다 항상 자신이 옳다고만 주장하며 살아온 세월, 젊음은 고집이었던가. 부끄럽고 미안하다.

설거지는 평생 내 몫으로 알았는데 고무장갑을 끼고 가로채기도 한다. 피로한 다리도 훑어주고 단잠을 위해 안마를 해 주는가 하면 쓰레기 치우는 일도 서슴지 않고 거든다.

인생은 연극인가 보다. 연극의 마지막 무대는 언제나 화려하지 않던가. 그리워하다가 만나고 미워하다가 사랑하고 적군이 우군이 되고 패하다가 이기고 슬프다가 웃는 연극. 원하던 위치로 돌아오는 부메랑과 같은 마지막은 언제나 빛나고 화려하지 않던가.

그 많은 직장의 짐과 자식들의 짐을 벗은 후에 후하게 얻은 노년의 무대가 넉넉하고 푸근하다. 황혼의 노래를 부르고 싶다.

(2014)

남편들아 이와 같이 지식을 따라
너희 아내와 동거하고 그는 더 연약한 그릇이요
또 생명의 은혜를 함께 이어받을 자로 알아 귀히 여기라
(베드로전서 3:7)

나만 부르는 이름

은행에 가면 창구마다 담당 행원들 앞에 명패들이 놓여 있다. 그중에 한 여직원의 이름표는 남이 볼 수 없도록 항상 안쪽으로 돌려져 있다. 어떤 이름이기에 남에게 보이기가 싫을까 궁금하여 명패를 살짝 돌려 보았다. '김달님'이라고 적혀 있다. 이름이 참 예쁜데 감추는 이유라도 있느냐고 물었더니 얼굴을 붉힌다. 여동생 이름은 혹시 별님인가 하였더니 그렇다고 한다. 남자 형제도 있느냐는 내 질문에 남동생이 있다고 했다. '동생은 해님이겠구나' 했더니 '아니요, 태양이에요' 한다. 아들은 해님보다는 태양이 썩 잘 어울렸다. 부모님이 첫딸을 낳고 얼마나 예뻤으면 달님이라고 지었을까. 아니면 아기가 태어나던 시간이 휘영청 달 밝은 밤이었을까. 이름은 자신과는 상관없이 타의에 의해서 지어지고 그 이름은 거역할 수 없는 얼굴이 되어 평생토록 이름에 나를 매어 달고 살아가는 것이다.

자주 다니는 스포츠센터 건물에 세무사 사무실이 있다. 통유리로 된 큰 창문에 쓰여 있는 세무사의 이름은 '남천일' 이다. 이름 옆에 'south, sky, sun' 이라는 영어 표기가 유난히 눈에 띈다. 영어를 한문으로 바꿔서 글자를 풀이해 보았다. 남녘 남(南), 하늘 천(天), 해 일(日)이라는 뜻으로 해석이 나온다. 남쪽 하늘에 태양이라는 뜻이다. 자신의 이름을 알리는 데 이만하면 홍보하는 효과도 대단하겠지만 부모님으로부터 지음 받은 이름을 멋지고 품위 있게 활용하는 재치와 지혜가 돋보인다.

휴대전화에는 가깝게 지내는 분들의 이름이 한글의 순서를 따라 저장되어 있다. 자주 전화를 주고받는 분들은 단축번호로 표시해 쉽게 통화할 수 있어 편리하다. 연락처는 많지만 내통이 없는 이들도 수없이 많다. 이름들을 훑어보면 속어로 표현된 것이 많아서 웃음이 저절로 나온다. 나만 아는 아리송한 이름들을 남이 보았다면 민망할 정도다. 단축번호 1번은 우리 집 전화이고 2번은 '나의 인생' 이라는 이름이다.

'나의 인생' 은 조금은 별난 호칭이지만 나만 부를 수 있는 남편의 이름이다. 처음으로 이 이름을 불렀던 때는 휴대폰이 없었던 80년대 초반이었으니 30년이 넘은 듯하다. 나를 지배하는 영향력으로 보나 내가 생각하는 가치기준으로 보나 '나의 인생' 이라는 이름이 맞춤 같다는 생각이 든다. 어차피 나 혼자 살아가는 세상이 아니고 그분한테 매여서 살아가는데 내 인생이 따로 있을 수 없는 것이니 그분을 나의 인생으로 부른다고 어색할 것은 없는 것 같다.

그 시절에는 연말이 가까워지면 송년회에 가야 할 일이 많기도 했다. 요즈음처럼 음정, 박자, 가사까지 나오는 노래방 기구도 없던 시절에 모임에 가서 노래 부르라는 지명을 받으면 진땀이 났다. 나같이 대중 앞에 서면 공포증이 발동하는 사람은 큰 곤욕을 치르기 일쑤였다.

그해는 작심하고 어느 모임에 가든지 부를 수 있는 가요 한 곡을 준비하리라 벼르고 있었다. 어떤 자리에 불러 세워도 사양하지 않고 남편의 체면을 세워주자, 그 흔한 노래 한 곡 부르지 못한다는 말을 듣지 않으리라 마음을 단단히 먹었다.

찾고 찾다가 눈에 띈 것이 〈그대는 나의 인생〉이라는 노래였다. 가사를 훑어보니 감수성을 자극하는 시처럼 아름다웠다. 대중음악이라고 하찮게 여기며 잊어버릴 노래가 아니었다. 노랫말도 좋았지만 남녀가 듀엣으로 부르는 곡이 아름답기까지 했다. 화음만 잘 맞으면 크게 박수 한번 받을 것 같았다.

남편은 원래 노래를 잘한다. 가수가 되려고 하다가 속 차린 사람이다 보니 그가 마이크를 잡으면 듣는 분들은 열광을 할 정도다. 나만 연습을 잘해 두면 둘이서 한번 실력을 보여주리라고, 음반을 틀어놓고 가사를 외우고 곡을 익히며 매일 연습을 거듭했다.

고등학생인 딸이 학교에서 돌아와서 대문 앞에 서면 집안에서 담을 넘어오는 노랫소리, "그대는 나의 인생 인생 아직은 아쉬움도 있지만…" 엄마의 노래는 어쩌다 흥얼거리는 찬송가가 전부였는데 매일 "나의 인생"을 소리 높여 질러대니 듣다 못한 아이가 "엄마의 인생은 누군데?" 하고 물었다. 준비 없이 튀어나온 대답은 "너의 아빠지"였다. 저녁에 퇴근한 남편이 초인종을 눌렀다. 인터폰을 받던 딸이 나를 향해 외친다. "엄마~ 엄마 인생 오셨어요." 그날 이후 남편의 이름은 '나의 인생' 이 되었다. 우리 아이들은 내 기분에 맞춰서 가끔 아버지를 지칭할 때 '엄마 인생' 이라고 할 때가 있다.

교회에서 특별한 집회시간에 강사님이 가슴에 미움을 지우지 못하고 용서하지 못한 사람이 없느냐고 물었다. 있다면 그분의 이름을 써서 불태워 버리고 미움에서 벗어나 자유로워지라고 했다. 우리는 각자 용서할 수 없는 사람의 이름을 적었다. 쓴 것을 바꿔보니 남편과 똑같은 이름이 적혀 있음에 놀랐다. 그가 미워했던 사람을 내가 용서하지 못했고 내가 용서하지 못한 사람을 그가 미워하고 있었다. 둘이 아닌 하나의 인생임을 실감했다.

내가 살아온 까마득한 지난날을 돌아보아도 언제나 그분의 그림자로 살아왔을 뿐이다. 부부는 비가 오면 우산을 받쳐주는 조력의 관계를 넘어서 같이 비를 맞으며 가는 공존의 사이가 아닌가 싶다. 나이가 든 지금은 확연히 더 그렇다. 그가 가는 곳에는 어디나 같이 가고 살다 보니 구미(口味)도 같아졌다. 운동하는 시간도 쉬는 시간도 심지어 신문을 읽는 시간도 따로따로가 없다. 그대는 영원한 '나의 인생' 이며 가슴으로 가만히 나만이 부르는 이름이다.

(한국수필. 2014. 4월호)

네 집 내실에 있는 아내는 결실한 포도나무 같으며
네 상에 둘린 자식은 어린 감람나무 같으리로다
(시편 128:3)

가을의 문턱에서

더위가 제아무리 맹렬해도 잠시 머물다 떠날 것을 알고 있지만 그 고통스러운 여름은 더위가 아니라 펄펄 끓는 가마솥이었다. 지옥이 이럴 것이라는 생각도 들었고 산다는 것이 귀찮을 만큼 힘들었다. 삶의 질이 떨어질 정도로 짜증이 나고 더위 때문에 병을 앓기도 했다.

그러나 소리 없이 여름은 떠났다. 미워하던 사람이 세상 떠나면 미안하고 눈물 나는 것처럼 섭섭하다. 여운도 남기지 않고 지체하지도 않은 채 밤사이 야간도주를 하였는지 인사도 없이 떠난 여름, 떠날 때는 말 없이 떠나는 것이 옳다고 생각을 했나 보다.

새벽 낮 가리지 않고 목이 터지라 질러대던 매미소리도 들리지 않는다. 그들의 소리는 울음인지 노래인지, 노래라면 화음이 맞지 않고 울음이라면 듣기 거북한 통곡 같은 그 소리는 어딜 갔을까. 가을에 밀려 숨죽이고 있는지 여름 따라 떠났는지 기척도 없다. 밤사이 세상을 이별하지는 않았을 텐데 가을이 들어서는 자리에 더는 견딜 수 없어 여름의 뒷자락을 붙들고 도망치듯 따라갔을까.

그러나 고통스러운 여름이 있어 알알이 열매가 익어가고 따가운 햇볕에 곡식이 영글었다. 그 고통을 넘어서지 않았다면 가을의 수확은 기다릴 수가 없었을 것이고 더위의 고통은 거두기 위한 준비고 과정이다. 땀 흘림이 없이 어찌 추수를 기다릴까.

신선한 공기 속으로 시계의 초 소리 같은 풀벌레의 나직한 소리가 잔잔히 들린다. 이들도 진즉에 자기들의 소리가 있었겠지만 매미소리에 눌려서 기도 펴지 못한 채 지냈나 보다. 곤충의 세계에도 큰소리치면 대장이고 소리가 작으면 졸병인가 보다. 귀뚜라미도 제철을 만나 제소리를 낼 것이고 조금 있으면 하늘엔 기러기가 날기도 하겠지.

가을이 아름다운 것은 더운 여름을 경험한 탓이고 봄이 찬란한 것은 혹독한 겨울을 겪었기 때문이다. 기후 변화에 따라 마음도 따라 변한다. 언제 그랬느냐는 듯이 가을을 반기지만 가을도 그림자처럼 왔다가 금세 떠날 것이다. 그럴 줄 알면서도 인간은 순간이라도 행복하기를 갈망하는 것인가 보다.

영원한 내 자리는 없는데도 잠시 머물 자리를 탐하는 것을 보면 가을을 지나 겨울을 맞는 것과 어찌 다를 수 있을까. 모두가 순간인 것을 알면서도 영원히 누릴 것처럼 정상만을 향하여 달려간다. 낮은 자리에서 바라보는 저 높은 봉우리는 얼마나 찬란한지. 모진 고통과 시련을 넘어서 도달한 정상도 잠깐이다. 이 또한 지나가는 것이다.

높이 솟은 산이 되기보다 작은 동산이 되기를 바라며 순하게 살아갈 일이며, 원하는 것을 손에 쥐었지만 영원히 내 것은 아니라는 진리 앞에 고개 숙여야 한다. 가을이 찾아온 것처럼 겨울도 머잖아 올 것이다. 모두가 순간이다.

뜨거운 여름이 있었기에 풍성한 가을도 있는 것이지만 그것도 한계라는 것이 있다. 쥐었던 것들을 놓아주어야 할 때가 있는 것이다. 더 소중한 것이 무엇인지 알게 되는 진리를 배우고 버릴 줄도 알고 놓을 줄도 아는 것이 큰 덕목인 것을 깨달으면서 닥쳐올 겨울을 준비하는 것이다.

떠나간 여름을 생각한다. 그것이 고통스럽고 죽을 만큼 괴로워도 가을을 준비하는 과정이라면 아름다운 훈련이 아닌가. 아우성을 치다가 정색을 하며 가을을 맞이한다. 그 정취에 취함도 잠깐인데 가을도 영원하지 않음같이 세상에 영원한 것은 없다. 과감히 어떤 계절이 와도 내 것처럼 소중하게 받아들일 때 나의 계절이 되는 것이다.

가마솥에 비유했던 어리석음이나 지옥의 경험이라고 했던 39도 더위도 가을을 위한 준비였음을 기억한다. 병이 났을 만큼 더웠던 여름 때문에 건강한 가을이 있고 밀어내지 않아도 때가 되면 떠나는 계절 앞에 더 겸손해지는 법을 배운다.

더 높은 파란 가을 하늘을 바라보며 영근 수확의 감사를 여름의 뙤약볕에게로 돌리자. 푸르게 내 마음을 정돈하며 나이는 세어보지 않아도 감사를 헤아리는 마음을 가지고 파란 하늘을 바라본다.

(2017)

내일 일을 위하여 염려하지 말라 내일 일은 내일 염려할 것이요
한 날의 괴로움은 그날에 족하니라
(마태복음 6:34)

생일 포스터

새해가 되면 한 해 동안에 치를 집안의 크고 작은 행사들을 지난해 달력에서 새 달력으로 옮겨 적는다. 해마다 되풀이되는 가족들의 생일과 조상님의 추도일, 반드시 챙겨야 하는 친지들의 생일들이 많기도 하다. 잘못 건사하였다가 잊어버리면 실수의 대가는 내 몫이니 정월부터 차례로 훑어 적어 내려간다.

첫 장 1월은 20일이 맨 먼저 눈에 들어온다. 절기 중에 가장 추운 대한(大寒)이라는 글자가 찍혀있다. 사인펜으로 사각 담을 치고 20일 숫자에 붉은 원을 그리고 눈에 뜨이도록 '자야 생일' 이라는 표석을 세운다. 이 그림은 어릴 적에 큰오빠가 내 생일을 달력에 표시하던 방법이건만 그대로 내가 모방하고 있다.

생일이라고 별나게 차려 주는 것도 없었고 기껏해야 미역국에 찰밥 한 그릇이건만 명절을 고대하듯 내 생일을 기다렸다. 오빠들의 생일은 푸짐하게 차린 성찬인데 딸들 생일은 잊어버리는 것이 예사인 집안 분위기에 대한 반항이거나 관심을 가져 달라는 요구였는지도 모른다. 이런 나를 귀하게 보았을까. 언니와 엄마는 잊지 않고 내 생일을 찾아 주셨다.

추위의 정점인 대한(大寒)은 예나 지금이나 매서운 날씨다. 초저녁에는 따끈하던 온돌방이 새벽이면 차츰 식어간다. 이른 아침 조반 준비를 하는 부엌에서 퍼져 나오는 밥 익는 냄새와 함께 방은 다시 따뜻해진다. 일어나야 할 시간인데도 아랫목 이불 속에서 영창문을 바라보면 유리창에 하얗게 피어 있는 성에는 문밖의 혹한을 감지시킨다.

안방에서 부엌으로 통하는 샛문으로 으슴푸레 들려오는 소리, "어머니, 오늘 자야 생일인데 깜박했네요. 알면 야단날 텐데." "어쩌다가 너도 나도 같이 잊었노." 엄마와 언니의 대화를 듣는 순간 이불 속에서 소리 없이 울었던 일곱 살의 자야는 팥을 넣은 찰밥에 미역국을 먹지 못함이 그렇게 억울했다.

데워둔 한솥 물에 식구들이 세수를 다 마치고 밥상에 둘러앉을 때까지 나는 일어나지 않았다. 큰오빠가 이불을 걷으며 눈이 퉁퉁 부은 나를 안아 주었을 때 "내 생일"을 외치며 섧게 울었다. 고집불통에 벌집 같은 아이의 생일을 잊은 것은 누나의 실수라며 작은오빠가 한마디 했고 아버지는 '왜 하필이면 걔 생일을 놓치는가' 하고 어머니를 나무라셨다. 정월 대보름 지나 다섯 밤을 자면 음력 1월 20일이니 금년만은 음력으로 자야 생일을 찾아 주고 특별히 인절미도 해 주자는 큰오빠의 제안에 엄마가 동의하시면서 그 아침의 눈물은 막을 내렸다.

부모님이 무슨 재간으로 딸들의 생일까지 일일이 찾아준단 말인가. 더러 잊어버릴 수도 있는데 모나게 굴었던 나의 성토는 힘을 얻었는지 그 후로 오빠가 달력에 크게 표시를 해 둠으로써 식구들이 잊어버리는 실수를 하지 않는 원칙을 세우게 되었다.

그 추운 생일 아침, 형제들의 넉넉한 우애에 배불렀던 그 날을 기억하며 달력에 금을 긋고 원을 치고 비석 같은 글을 쓴다. 등 너머로 보고 있던 남편의 "생일 포스터를 만들어 벽에 거는 것이 어떨까?" 웃음 섞은 한마디는 그려 놓지 않아도 생일을 잊은 적이 없었다는 의미를 담고 있다. 그러나 여덟 식구가 둘러앉아 누렸던 행복한 생일 밥상과 내 생일을 잊을까 봐 달력에 크게 홍보를 하던 오빠의 정을 기억하고 싶은 내 마음까지야 어찌 남편이 알 수 있겠는가.

(그린에세이. 2014. 1~2월 창간호)

나의 발을 사슴과 같게 하사
나를 나의 높은 곳으로 다니게 하시리로다
(하박국 3:19)

원점

아침 여섯 시부터 한 시간 동안 공원을 걷는다. 이 운동은 나와 내 의지가 말없이 맺은 오래된 약속이다. 특별히 바쁜 일이 없는 한 약속을 깨지 않으려고 노력하다 보니 이젠 거의 습관이 되어 걷지 않으면 한 끼 식사를 하지 않은 것만큼 허전하다.

걷는 길에는 봄을 만나 새롭게 움트는 생명들을 보는가 하면 피어나는 꽃들을 만나기도 한다. 탄생이란 경이롭고 아름답다. 가슴을 열면 따뜻한 기운이 내 심신에 파고들어 와 생기 있는 걸음으로 나는 듯이 걷게 한다.

숲이 우거져 볕을 가려주는 여름이면 땀을 흘려도 시원하다. 그것은 땀이 아니라 축적된 노폐물을 제거하는 치료제가 된다. 숲이 흔들릴 때마다 풍겨내는 풋풋한 냄새, 그것은 젊음이고 청년의 향기 같다. 용기와 힘을 북돋아 주는 그 싱싱함이 내 근육의 피로를 풀어준다. 무궁 세월을 누릴 것 같이 청청한 녹음 속을 걸을 때면 무거운 걸음도 가볍게 걸을 수 있다.

갈잎의 노래가 들린다. 호수에서 뿜어 내던 분수도 그치고 물결이 작은 파고를 일으키면 내 마음도 따라 요동을 한다. 마른나무에 매달린 잎들이 흔들리다 길 위에 내려앉아 굴러간다. 가랑잎들의 슬픔도 내 가슴에 펴 담으며 바람에 쫓겨 가는 그들을 따라 걷는다. 가을은 열매가 있어 수확이라는데 푸름을 앗아가고 거둬들인 씨앗은 그 열정의 여름을 고마워하리라.

옷을 벗고 서 있는 앙상한 나무에 눈이 내리면 봄에 피는 꽃보다 또 다른 아름다움을 느낀다. 하얀 겨울도 더없이 아름다울 수 있다는 사실이 내게 용기를 준다. 계절의 마지막이 사람의 마지막으로 반사된다. 나는 더욱 힘을 내어 걷기를 멈추지 않는다. 겨울이라고 주저앉을 수 없는 것이다. 눈꽃 이불을 덮고 죽은 듯하지만, 봄이 되면 살아있음을 확인시켜 줄 것이다. 얼마를 머무는지 모를 겨울을 안고 걷는다.

내게도 봄처럼 따뜻한 날들이 있었다. 아이들이 태어났을 때 그것은 예쁜 꽃이었다. 그보다 더 향기 나는 꽃은 그때까지 보지를 못했다. 아이들의 웃음은 집안을 채우고도 남는 기쁨이었다. 업으면 아이의 체온에 등이 따뜻해서 좋고 손을 잡고 걸으면 손안에 향기가 나서 좋았다. 내 손은 강보요 내 가슴은 요람이었다. 사람이 사는 의미를 깨우쳐 주었던 아이들은 내 생명과 바꿀 수 있는 유일한 존재들이었다.

아이들은 푸른 나무처럼 자랐다. 하루가 다르게 커 가는 모습을 보며 내 인생을 걸어도 손해가 아니어서 생명을 걸었고 꿈을 걸었다. 비어있는 내 곳간이 채워진 것처럼, 모자라도 넉넉한 것처럼 배가 불렀다. 그러나 자식이 나보다 더 커지면서 내 소유는 아니었다. 저희의 자리를 찾아 보내야 했고 내가 먼저 잡은 손을 놓아 주어야 했다. 어미 독수리가 새끼 독수리를 낭떠러지로 떨어뜨리듯이 혼자서 일어서는 연습을 시켰다. 울타리만 있으면 바람도 막아주고 도둑도 막아준다는데 아이들은 어느새 우리의 울이었다.

아이들을 떠나보낸 후에 나를 돌아보니 이미 가을이 깊어 가고 있었다. 단풍을 보며 나의 가을도 아름답다고 생각했다. 겨울바람 앞에서 이겨낼 푸른 상록수 같은 건강과 남은 겨울 동안 내가 머물 시간을 가늠해 보면서 얼마인지 모르지만 겨울을 견디기 위한 준비를 하여야 했다. 공원의 사계(四季)가 우리의 인생과 그렇게도 닮았는지, 겨울을 준비하면서 하얀 눈꽃이 되기를 바라고 있는 나를 돌아본다.

한 시간 동안 걷는 길은 6km 공원을 한 바퀴 도는 거리다. 우측길을 따라 걷든지 좌측으로 걷든지, 걷다 보면 출발점 앞에 다시 돌아온다. 가는 길엔 호수도 건너고 언덕도 오르고 계단도 밟는다. 넓은 길 좁은 길도 있다. 자전거로 달리는 사람도 있고 인라인스케이트 타는 이들도 있다. 뛰어가는 사람도 많다.

인생길도 마찬가지다. 걷는 인생도 있고 인라인으로 가는 사람도 있다. 터벅터벅 걷는 인생. 달리는 인생, 자전거 타는 인생, 다 다르지만 마지막 닿는 곳은 처음 떠났던 원점인 것이다. 세상을 떠난 사람을 돌아가셨다고 하지 않는가. 결국 처음으로 돌아가는 것이다. 인생의 원점인 영원한 본향을 향하여 우리도 가고 있다.

(2005)

수고하고 무거운 짐 진 자들아 다 내게로 오라
내가 너희를 쉬게 하리라
(마태복음 11:28)

계란예찬

우리가 즐겨 먹는 식품 중에 옛날에는 귀했던 것이 지금은 흔하면서 값이 비싸지 않은 것들이 참 많다. 그중에도 계란만큼 싼 식품이 또 있을까 싶다. 한 꾸러미에 열 개씩 묶어놓고 팔던 때도 있었고 낱알로 사 먹던 때도 있었다. 지금은 서른 개씩 담긴 한 판을 사는 것이 예사다. 그만큼 부담 없는 가격인 데다 길가의 용달차에서도 수북이 실어 놓고 파는 것이 계란이다.

참으로 살 만한 세상이요 좋은 세상이라는 생각을 할 적마다 계란이 주는 유쾌한 기분도 좋은 점 중 하나이다. 옛날에 알을 잘 낳는 암탉 세 마리만 있으면 자식 하나 공부시킬 밑천이 된다던 말이 생각날 때가 있다. 지금처럼 양계장에서 사료를 먹여서 대량으로 생산되는 계란이 아닐 때 얘기다. 곡식을 모이로 주어 키우던 시절이었으니 계란 한 알 먹기가 얼마나 어려웠던지 삶은 계란 먹어보는 것이 소원일 때가 있었다.

계란은 먹을 때마다 지나간 유년을 생각나게 하는 추억 속의 식품이기도 하다. 전기밥솥에 그득히 삶아 놓고 간식으로 출출할 때 먹고 나면 그 기분 좋은 포만감은 천하에 좋다는 어떤 간식에도 비할 바가 아니다. 밥상을 차려놓고 보면 다른 찬보다 계란말이에 젓가락이 먼저 간다. 요즈음 아이들은 나의 말을 곧이곧대로 들을지 모를 일이다.

자랄 적에 우리 집에는 닭을 네 마리 길렀다. 알을 낳는 암탉 세 마리와 장닭 한 마리였다. 아버지의 조반상에는 아침마다 어김없이 날계란 하나가 올려졌다. 따끈한 쌀밥을 주발 뚜껑에 덜어서 계란을 넣고 비벼서 드시는 아버지 밥상을 언제나 나는 외면했다. 보면 먹고 싶을 것 같아서다. 닭이 충실하게 하루에 세 개의 알을 낳은 날은 두 분 오빠의 몫으로 항상 정해져 있었다. 오빠들은 계란 양쪽에 젓가락으로 살짝 구멍을 내고 한입에 들이마시곤 했다. 언니와 여동생 그리고 나는 계란은 남자들만 먹는 것으로 알았다.

오빠들이 먹는 것을 먼발치에서 보고만 있다가 날계란 맛이 달콤할까 새콤할까 궁금했다. 가장 만만한 작은오빠 곁으로 갔다. 눈곱만큼만 먹어보고 싶다는 눈짓 손짓을 했다. 엄마의 눈을 피해 몰래 먹여 주었다. 비릿하고 역겨웠다. 이 짓을 엿본 여동생이 여자가 계란을 먹으면 등에 뿔난다고 겁을 주는 것이었다. 그 말이 온종일 걸려서 자다가도 뿔이 났는지 등을 만져 보곤 했다. 어른이 되면 부자가 되어 계란을 한 솥 삶아서 포식을 하리라 벼르기도 했다. 그림의 떡으로 쳐다만 보던 계란을, 부자가 아니지만 원도 한도 없이 먹는다.

우리 집 식탁 위에는 포도무늬가 새겨진 큼직한 유리그릇에 삶은 계란을 담아 놓는다. 대접이나 양푼에 담아도 되지만 좀 더 돋보이게 하고 싶은 마음에 일부러 예쁜 그릇에 담아두었다가 마음 편한 손님이 오면 그대로 내어놓는다. 그냥 물을 붓고 후딱 삶은 것이 아니고 보통 하루, 길게는 이틀 동안 전기밥솥에서 구운 맥반석 계란이다. 계란을 싫어하는 분들도 이것만큼은 권하지 않아도 잘 먹어 준다. 어떤 분은 찜질방 계란 같다는 말로 나를 신명나게 하는 분도 있다.

얼마 전까지도 여행을 하거나 하루 거리의 나들이를 할 적이면 삶은 계란은 필수로 챙기는 간식이었다. 기차로 여행을 하게 되면 망에 넣어서 파는 계란을 사 먹는 것이 여행의 유일한 재미고 기쁨 중의 하나였던 때가 어제 같기만 하다. 지금도 지하철 주변에 늘어선 포장마차에는 삶은 계란과 계란을 풀어 두툼하게 입힌 샌드위치가 시장기를 달래는 일등공신 같아 보인다.

우리 아이들이 어릴 때 가장 영양가 높고 맛있는 도시락 반찬은 계란말이였다. 큰아이가 고등학교 3학년이 되면서 늦은 시간까지 학교에서 공부를 하는 날이 많았다. 그런 날은 언제나 도시락 두 개를 싸서 가지고 다녔다. 반찬과 계란말이를 반찬 통에 가득 담고

도시락 가장자리에는 삶은 계란을 먹기 편하게 두 동강을 내서 넣어 주었다. 고생하는 아들을 위한 엄마의 자그마한 격려였다.

어느 날 아이가 계란을 넣지 말라고 했다. 한쪽은 짝이 먹으니 저는 반쪽밖에 못 먹는다는 것이다. 그다음부터 두 개를 넣었다. 짝이 한 쪽 먹어도 세 쪽은 먹겠지 생각했는데, 점심시간에 아이들이 모여들더니 "너희 집 양계장 하니?" 하며 집어가는 통에 역시 반쪽만 먹었다고 했다. 중년이 되어가는 아들은 지금도 계란을 좋아한다. 그렇게 계란이 귀했던 시절이 있었다.

흔하면 무시당하고 값이 싸면 하찮게 여겨지지만 계란만은 예외였으면 싶은 것이 내 마음이다. 보기만 하여도 배부르고 먹음직한 계란 스무 개를 흐르는 물에 씻어서 전기밥솥에 넣는다. 물 한 컵을 붓고 소금을 약간 뿌린다. 취사 스위치를 누르고 한참을 잊어버리고 지나다 보면 보온에서 설설 익는다. 계란 익는 냄새가 집 안에 가득하다. 이런 날, 반가운 손님이 온다면 얼마나 좋을까. 흰자까지 황금색으로 변한 뜨끈한 계란을 양지바른 창가에서 까먹으며 정담을 나누고 싶다.

(그린에세이. 2015. 3~4월호)

우리가 먹을 것과 입을 것이 있은즉 족한 줄로 알 것이니라

(디모데전서 6:8)

부대찌개 먹는 날

토요일, 아이들이 오는 날이다. 오늘은 자신 있는 부대찌개를 준비한다. 저녁 식탁에 식구들의 웃음꽃이 가득할 것 같다. 필요한 재료는 준비되어 있고 넓적한 전골냄비에 구절판처럼 보기 좋게 재료를 담고 육수를 부어 끓이면 절로 되는 것이니 힘들 일도 없다. 재료는 집에 남아도는 자투리 식품이면 충분하고 소시지 대신 햄, 통조림 대신에 어묵이 있으니 더 담백할 것이다. 반드시 들어가야 진득한 맛을 내는 떡국 떡과 양파, 버섯, 당면을 넣고 마지막에 라면 사리를 넣어 끓이면 멋진 부대찌개가 될 것이다.

6.25 전쟁이 우리에게 선물한 음식이 부대찌개다. 전쟁을 겪은 우리 나이는 너나없이 배가 고팠다. 전쟁통에 농사를 지을 수도 없고 먹다 남은 식량이 있다 해도 비축된 양식은 한계가 있었다. 먹을 것이 없어 굶주리던 우리는 가려서 먹는 것이 아니라 보이는 대로 먹고 닥치는 대로 먹어야 죽지 않고 살아남을 수 있었으

니 전쟁이 안겨준 공포는 가난이요 배고픔이었다.

미군 부대에 출입하는 한국인을 통해 어쩌다 흘러나오는 통조림이나 소시지는 된장, 고추장, 김치에 절어 있는 우리 비위에는 맞지 않았다. 매운맛도 짠맛도 없으니 아무리 배가 고파도 역겨워서 받아들여지지 않았다. 그냥 먹기는 간이 맞지 않고 익혀서 양념을 넣고 먹으면 그런대로 먹을 만했다. 부대에서 나왔다 하여 부대찌개라는 이름이 지어졌고 미군이 많이 주둔하고 있는 전선지역인 의정부에서 시작된 부대찌개는 이름 그대로 의정부 부대찌개가 되지 않았는가 싶다.

부대찌개 간판만 보아도 전쟁의 아픔이 떠올라서 싫었다. 특히 의정부 부대찌개라고 하면 뼈아픈 가난의 흔적 같아서 간판만 봐도 혐오스러워 외면했었다.

수술 후에 회복이 늦은 남편은 구미를 잃어 달게 먹는 음식이 없었다. 몸은 축이 나고 기운을 잃어갔다. 평소에 즐기던 것들도 외면하니 대책이 없었다. 영양주사로 대체하지만 그것도 최소한의 연명이지 회복을 가져오지는 못했다. 어떻게 하면 입맛이 살아날까 고민하고 있었다.

집에서 가까운 곳에 부대찌개 가게가 문을 열었다. 사람들이 와글와글했다. 부대찌개만은 간판도 싫었는데 기웃거려 보다가 남편을 설득하여 들어갔다. 생전 처음 대하는 음식인데 냄새가 구수하고 좋았다. 그날 남편은 밥 한 그릇을 다 비웠다. 고기도 들고 두부도 들어있는 걸쭉한 음식이 부대찌개라는 것을 처음 알았다. 부대에서 나온 짠 밥이거니 생각했는데 김치찌개에 별별 것이 다 들어간 종합메뉴였다.

집에 와서 식당에서 먹은 음식을 곰곰이 생각하면서 재료를 준비하고 만들어 놓은 육수를 붓고 실패하더라도 크게 손해는 없다는 생각에 난생처음 부대찌개를 만들어 보았다. 남편이 맛있게 먹으며 식당에 비교할 수 없는 맛이라며 칭찬했다. 입맛이 돌아왔다. 성공이었다.

외면하던 부대찌개를 만들어 보글보글 끓는 냄비째로 식탁 가운데 놓고 맛있게 먹게 된 기쁨이 얼마나 큰지, 이보다 더 큰 소득이 있을까. 조리하기 어려운 음식도 아니고 비싼 재료로 만든 것도 아니건만 남편의 입에 잘 맞는 새로운 별미가 만들어진 것이다.

알고 보니 의정부 부대찌개만 있는 것이 아니고 평택 부대찌개도 있고 존슨 부대찌개도 있다고 한다. 부대찌개에 최고가 되려면 확실히 알아야 하는 것은 상식이라 인터넷에서 찾아보았다.

존슨 부대찌개의 내력이 재미있다. 존슨 대통령이 한국을 방문했을 때 미군들이 주둔하고 있는 부대를 방문하러 가다가 길거리에서 영어로 '존슨 부대찌개' 라고 쓰여 있는 간판을 보게 되었다. 대통령이 저게 무언가 하고 물었다. 미군 사령관이 미국 재료에 한국 김치를 넣고 만든 수프라고 대답하면서, 미국의 흔한 이름이 존슨이라 이름을 그렇게 붙인 것 같다고 했다. 존슨 대통령은 그것을 주문하여 먹었다고 한다. 그 이후 이태원 쪽에서 나오는 부대찌개는 존슨 부대찌개가 되었다는데, 이태원에서는 크게 성업 중이라고 하지만 확인한 것은 아니다.

또 하나, 평택 부대찌개는 평택에 있는 미군들이 즐겨 먹는 부대찌개의 이름이라고 한다. 미군들이 한국에 오래 있다 보니 이런 음식에 익숙해진 것 같기도 하다.

오늘은 부대찌개를 좋아하는 손녀가 오는 날이다. 떡국 떡도 준비하고 햄도 준비했다. 둥글고 얇게 썬 감자도 넣을 것이고 당면 사리도 불려 놓았다. 김치도 묵은지가 제격이다. 어묵과 라면도 준비되어 있으니 이것들을 가득 넣은 냄비에 육수를 붓고 끓이면 우리 식구들의 넉넉한 저녁 식탁이 될 것이다. 무엇보다 우리 가족의 밥상에서 나의 창작품인 부대찌개가 화목의 대상이 된다는 것이 얼마나 행복한 일인가.

가난의 상징처럼 여겨져서 멸시하고 외면했던 의정부 부대찌개가 구미를 잃은 남편의 입맛을 되돌려 준 것이 한없이 고맙다. 나의 손맛 하나가 늘었으니 가끔 가족들이 모이는 날이면 실력을 과시할 수 있어서 덤으로 얻은 행복이다. "할머니표 부대찌개가 최고예요" 하고 엄지를 세울 손녀를 생각하니 아이들이 올 시간이 기다려진다.

(2017)

우리가 알거니와 하나님을 사랑하는 자
곧 그의 뜻대로 부르심을 입은 자들에게는
모든 것이 협력하여 선을 이루느니라
(로마서 8:28)

날아라 앨버트로스

골프 선수가 마지막 퍼팅 30cm 거리에서 실패하여 아깝게 우승을 놓쳤다. 이런 허망한 일은 보기 드문 일이다. 우리나라 여자 선수로는 처음 겪는 경기라 충격이었고 골프 사상 가장 비극적인 장면이라고들 아쉬워했었다.

이런 아픔을 경험한 선수는 5년이 지난 오늘, 악몽에서 벗어나 드디어 챔피언이 되었다. 메이저 퀸이 된 그가 트로피를 들고 날 듯이 높이 뛰어오르고 있다. 조용히 웃는 승자의 모습에서 5년 동안 쌓아온 땀과 애끓는 눈물을 보는 듯하다.

인터뷰하는 동안 차분하게 기쁨을 절제하는 스물아홉의 성숙한 대한민국 딸의 비장한 뚝심을 본다. 지켜보는 우리들은 나의 소원을 이루어 낸 것처럼 가슴이 북받쳐 오르며 눈물이 난다. 5년 전 그의 탈락에 같이 애석해했던 기억이 살아나서 더더욱 감격이다. 겉으로는 태연한 척하지만 흘린 땀만큼 하늘 높이 날고 싶은 기분일 것이다. 긴 세월 잘 견디고 참아온 그를 안아 주고 싶다.

그는 영국의 록밴드 비틀스의 노래 〈블랙버드(Blackbird)〉를 즐겨 불렀다고 한다. 우연일까. 노래 중에 "부러진 날개는 나는 법을 배웠다"라는 가사처럼 그는 오늘의 승리를 누리고 있다.

"5년 전 30cm 퍼팅이 성공하였다면 더 행복한 인생이 되었을까요?" 하고 기자가 묻는다. 공손하면서 조용한 대답이 천금처럼 무겁게 들린다. "그런 가당치도 않은 생각 하지 않았어요. 놓쳐버린 것을 잡을 수 있는 것도 아니잖아요. 닥쳐온 패배도 내 것이니 끌어안고 사는 거지요. 좋아도 좋은 내색 말아야 하고, 슬퍼도 슬픈 내색 하면 안 된다는 것이 골프에서 배운 공부였으니까요." 말도 참 예쁘게 한다.

속 깊은 말에 어른이 부끄럽다. 그러면서 덧붙인다. 가슴 아픈 실패 이후로 경기나 연습 중에도 짧은 퍼트는 실수한 적이 단 한 번도 없었다면서 수줍게 웃는다. 부러진 날개 때문에 더 높이 날아오를 수 있었으니 고난은 선물이란 말이 실감이 난다. 고난이 축복이라는 것, 어찌 이 선수뿐이겠는가.

과일도 벌레 먹은 과일이 달다고 한다. 벌레나 날짐승이 단 과일을 미리 알아서 찍어 먹기 때문이라지만 그건 사람의 추측이다. 과학으로 분석하니 새들한테 쪼이고 비바람에 부대끼다 상처가 난 과일은 많이 아프다. 흠이 난 자국에 스며드는 햇살과 비바람에 시달리며 고통을 참아낸다. 결국 살아가려는 몸부림이 달콤

한 과일로 거듭 태어나게 된다는 것이다. 고통은 방부제가 되어 참을수록 인내의 알찬 열매를 거두는 진리를 배우게 된다.

히말라야의 새라고 불리는 독수리를 보면 가슴에 흉터 없는 새가 없다고 한다. 태어나서 날갯짓도 못 하는 새끼를 어미 독수리가 절벽 아래로 수없이 떠밀어낸다. 죽지 않으려면 날아오르라고 소리를 친단다. 피에 젖은 가슴, 상처 난 다리, 찢긴 날개, 할퀸 머리에는 고통의 흔적으로 만신창이다. 죽음과 바꾸는 고된 훈련이 독수리의 생명을 보전하는 길이다. 죽음을 이겨낸 대가로 설한의 히말라야 창공을 점령하는 맹금(猛禽)이 되고 날아다니는 짐승들의 제왕이 되는 것이다.

바보 새는 3m가 넘는 무거운 날개를 가지고 있다. 몸통보다 날개가 무거우니 날지를 못하고 균형을 잡지 못하니 뒤뚱거리며 걷는다. 그러나 폭풍이 밀려와 모든 생명들이 숨을 때 바보 새는 벼랑 끝에 서서 폭풍을 맞이한다. 바람의 힘을 빌려 날개를 편다. 두 달 동안 쉬지도 않고 지구를 도는 그는 바보가 아닌 앨버트로스다. 그는 바보가 아니다. 땅에서는 놀림을 당하지만 바람의 힘으로 가장 멀리, 가장 높이 하늘을 가르고 지구를 정복하는 것이다. 동양에서는 그를 신천옹(信天翁)이라 부르지만 그의 본이름은 앨버트로스다.

세상은 운동장이다. 한판의 승부를 위해 편을 가르고 줄다리기도 하며 계주도 한다. 네 탓이다 내 탓이다 원망도 하고 엎어지고 넘어지기도 한다. 그러면서 다시 일어나 달린다. 우리는 날마다 더 높이, 더 멀리, 더 길게 달려가는 경주를 하고 있는 것이다. 끝이 보이지 않는 시합의 끝은 언제쯤일까. 나는 날마다 그 마지막을 기다리고 있다.

나무들은 높아지려는 욕심으로 하늘로 치닫고 풀은 땅을 탐하여 옆으로 퍼져 나가는 것일까. 욕심과 탐심 때문에 생물들은 아프고 고통스럽지만 살려면 견디어 내는 것이다.

'고난당하는 것이 내게 유익이라 그로 인하여 내가 주의 도를 배웠나이다' 성경에서 성군으로 일컫는 다윗이 시편에서 고백한 구절이다. '고난당하기 전에는 그릇 행하였더니 이로 인하여 주의 법을 배웠나이다' 살아가며 원치 않는 고난이 덮치고 피할 길이 없을 때 좌절한다. 누구에게나 실패가 있고 아픔도 있다. 그로 인해 바로 사는 법을 배우며 사는 것이다.

결코 쓰러져 눕지 않고 무릎을 세우고 한 뼘이라도 먼저 오르려고 달려온 우리가 그렇다. 낮은 산도 오르고 높은 산도 오른다. 거기서 거기 같지만 오르는 방향도 다르고 높이도 다르다. 봄 산이 다르고 여름 산이 다르다. 그리고 겨울 산도 다르다. 나는 어느 방향으로 오르다가 좌절하며 되돌아 여기까지 왔을까.

"죽기 살기로 했는데 그때는 졌다. 이번에는 죽으면 죽으리라 했는데 이겼다." 유도선수 김재범이 올림픽 금메달을 목에 걸고 하던 말이 생각난다. 아름답고 통쾌한 승리의 개가를 부르는 세계 메이저 여왕한테 하고 싶은 말이 있다. 부러진 날개는 나는 법을 배웠고 모진 겨울을 견뎌내어야 화려한 봄을 맞는다는 것을. 너를 응원하는 우리들 앞에서 높이 날아오르는 메이저 퀸, 너는 우리의 영원한 자랑이다. 창공이 열려 있다. 높이 더 높이 날아올라라. 앨버트로스여.

(2015)

인내를 온전히 이루라
이는 너희로 온전하고 구비하여
조금도 부족함이 없게 하려 함이라
(야고보서 1:4)

명품

가사도우미로 일하는 아줌마는 하루에 여덟 시간씩 한 주에 닷새 동안 일을 하고 받는 월급이 백오십만 원이다. 그녀의 수입만으로 네 식구가 근근이 생활하는 처지다. 명품 백을 사서 들고 들어온다. 반값 세일 가격이 90만 원이라 백화점 문이 열리기를 이른 아침부터 줄을 서서 기다렸다고 한다. 복권에 당첨된 사람처럼 상기된 얼굴에 함박웃음이다.

스물한 살인 딸이 갖고 싶어 하는 백을 산 엄마의 기분은 횡재를 만난 것처럼 보인다. 공부를 하는 것도 아니고 직장을 다니는 것도 아닌 놀고먹는 집지킴이 딸을 위하는 모정이 남다르다. 그녀의 고달픈 생활을 아는 터라 대꾸할 말이 없다. 백을 사고 남은 육십만 원으로 네 식구가 한 달을 어찌 살아가려는지 걱정스럽다. 명품 백만 쳐다보고 있으면 행복한가 묻고 싶었지만 마음 다칠 것 같아 보고만 있었다.

그 엄마가 생각하는 딸의 기준은 다르다. 외모도 훤칠하고 체격도 늘씬하고 세상에서 말하는 몸짱, 얼짱인 딸이 당당하게 멋 부리고 활보하는 모습이 보고 싶은 것이다. 그녀가 입만 열면 나오는 넋두리가 있다. "없는 부모한테서 태어난 가여운 내 딸" 또 하나는 기를 펴지 못하고 사는 딸이 늘 안쓰럽다는 것이다.

자식의 훗날을 생각하는 엄마라면 명품이 먼저가 아니다. 기회가 있고 주어진 때가 있는 배울 나이에 기술이든 공부든 가르치는 것이 우선순위가 아닐까? 자식을 사랑하는 방법이 다르겠지만 피해 의식 속에 사는 모성을 탓할 수도 없어 안타깝지만 더 내색하지 않기로 했다.

보기에 따라서는 낭비로 보이고 사치로 보일 뿐이지 엄마 노릇을 다 한 것 같은 그녀의 마음을 누가 헤아릴 수 있겠는가. 이해가 되다가도 어리석게만 보이는 것은 내 기준에 맞지 않기 때문이다. 명품 백을 들고 활보하는 멋지고 근사한 딸을 생각하는 엄마는 오늘만큼은 세상에 부러울 것이 없어 보인다.

여자라면 누구나 명품을 갖고 싶어 한다. 사치와 명품은 정비례한다. 3초 백이라는 말을 들은 적이 있다. 루이뷔통 백을 든 사람을 3초에 한 사람씩 볼 수 있다는 사실에서 나온 말이라고 한다. 우리나라가 아닌 어느 곳에서도 이처럼 고가의 백을 흔하게 볼 수 있는 나라는 없다고 하니 명품을 가장 선호하는 나라임이 틀

림없는 것 같다.

언젠가 체인 줄이 길게 달린 샤넬 백을 어깨에 걸친 친구가 내 앞에 나타났다. 눈여겨보지도 않고 무심하게 보았다. 월급쟁이 생활이지만 야무지게 사는 친구니까 모조품이지만 진품처럼 멋을 부렸다고 생각했기 때문이다. 친구는 진짜 샤넬을 인정해 달라는 듯이 백을 자랑하고 싶은 눈치였다.

언제나 생활에 계획이 서 있고 흐트러진 성품도 아닌 데다 낭비 없이 워낙 단단한 친구인지라 나는 웃으며 '네가 가지니까 가짜도 진짜처럼 보인다' 라고 했다. 친구는 정색을 하며 남편이 큰마음 먹고 결혼기념일에 사준 백임을 강조하는 것이다. 명품인 증거를 낱낱이 찾아내어 보여준다. 뒤집어도 보여주고 바느질의 섬세함과 체인의 정교함까지 내 눈앞으로 들이댄다. 그렇게 나하고 의견일치가 잘 되는 친구도 명품 백 하나에 콧날을 세우는 모습은 뜻밖이었다. 명품은 순수한 사람을 도도하게 만드는 마력이 분명히 있었다.

명품을 가지면 허실이 가려지고 열악한 내면을 감출 수 있다고 생각하는 사람들이 의외로 참 많다. 그렇기에 모조품이 판을 치는 세상이 되었을 것이고 명품에 대한 고갈증은 열등감의 소산물이 되어 어려운 사람들이 더 탐하는지도 모르는 일이다.

명품을 들고 폼 재고 나서면 사람도 따라 명품이 되는 것으로 착각하는 도우미 아줌마의 어린 딸을 떠올려본다. 수많은 날을 살아가야 할 앞날이 위태롭고 불안하다. 명품으로 치장하면 자신을 감싸주고 대변해 줄 것이라고 믿겠지만 내면에 감춰진 보이지 않는 마음은 얼마나 옹색하고 공허할까. 측은한 생각마저 든다.

평범한 차림새에도 개성이 나타나고 순수한 장신구에도 취향의 향기가 묻어나는 그런 멋진 사람도 내 주위에는 참 많다. 명품에 눈뜨지 않고 분수에 맞게 자신을 관리하는 멋진 여인들이다. 유행이 지난 옷이지만 반짝이 단추로 바꿔 달아 입고 새 옷처럼 기분 내는가 하면 유행 지난 백도 신발과 조화롭게 구색 맞추는 아이디어가 돋보이는 화목회(和睦會) 친구들의 당당한 모습이 아름다움이요, 기품 있는 명품으로 보인다.

누구에게나 수준에 맞춰서 살아가야 한다는 원칙이 있다. 그 틀을 벗어나면 낭비가 된다. 소득이 적은 것이 누구의 탓이 아니다. 한탕주의 꿈을 꾸다가 부끄러운 결과를 가져오는 세상에서 기준에 맞는 생활이 소득보다 더 중요하다는 것을 안다면 명품에 초연(超然)할 수 있을 것이다.

명품을 가지지 않아도 멋있고 매력적이며 어엿하게 인생을 살아가는 이들은 참으로 든든하고 믿음직스럽고 지혜로워 보인다.

높아져도 교만하지 않고 낮아져도 좌절하지 않으며 자신의 삶을 명품으로 만들어 가는 위대한 사람이 이런 여인들일 것이다.

(2013)

너희는 머리를 꾸미고 금을 차고 아름다운 옷을 입는 외모로 하지 말고
오직 마음에 숨은 사람을 심령의 썩지 아니할 것으로 하라
(베드로전서 3:3–4)

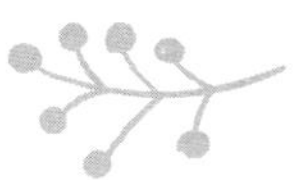

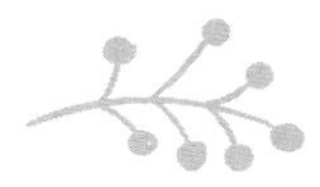

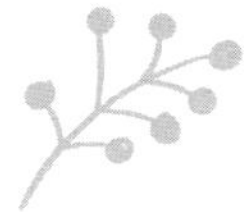

3. 마음의 노래

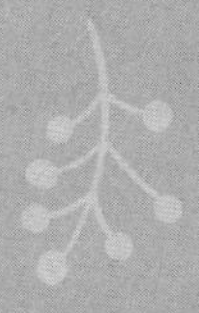

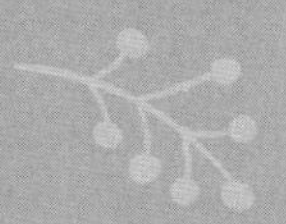

마음의 노래

아까워서 여태껏 끼고 살았던 사소한 것들을 미련 없이 하나씩 둘씩 버리는 데 익숙해졌다. 내 생의 노을이 내리기 전에 분별력도 있고 정신력이 건강할 때 정리를 마쳐놓고 언제 닥쳐올지 모르는 그 날을 가벼운 마음으로 기다리고 싶었다. 쌓아 두었던 앨범을 태우고 살아온 흔적을 지워버리니 홀가분했다.

오늘은 미루었던 책장을 정리한다. 책은 임자를 잘 만나면 대우받는 자리에 앉게 되겠지만 남의 수중으로 가기 전에 내 손으로 한번 챙겨보고 이별을 하리라는 생각에 묵은 책들을 책장에서 내렸다. 책 모서리가 검은 황토빛으로 변한 책 한 권이 손에 잡힌다. 김춘수 엮음 『세계명시선(世界名詩選)』이다. 표지는 닳고 닳아 눈만 흘겨도 부스러져 재가 될 것 같아 조심스럽게 집어 들었다. 겉장이 축 처져 내려앉는다. 어디에 숨어 있다가 버리는 대열에 끼어서 이제야 내 눈에 띄었을까.

첫 장을 넘겼다. '부르고 싶었던 마음의 노래' 라고 적혀있다. 종(縱)으로 내려쓴 글귀가 무지갯빛 꿈을 꾸던 문학소녀의 얼굴로 보인다. 四二八九年 六月五日인 날짜 옆으로 내 이름과 도장까지 찍혀있다. 펜으로 잉크를 찍어 쓴 한문 글씨는 제법 달필이다. 작은 활자로 종으로 인쇄되어 있는 책길 따라 내리쓴 글씨체가 힘차고 어른스럽다. 감색 교복에 하얀 옷깃을 달고 머리를 양 갈래로 나직하게 묶은 소녀, 바람 불면 금방 넘어질 것 같은 가느다란 여학생이 책방 앞을 기웃거리는 모습이 눈앞을 가로막고 선다.

내 고향 진주에는 민중서점과 청구서림이 중앙로에 나란히 있었다. 두 서점을 번갈아 가며 자주 들락거리다 보니 책방주인 눈에 뜨이는 것이 면구스러워 책 한 권 뽑아 들고 구석진 자리로 간다. 돌아앉아 대충 훑어보다가 빠른 동작으로 공책 뒷장에 시(詩) 한 편을 옮겨 적을 때의 뛰던 가슴, 글 도둑질도 쉬운 것은 아니었다. 베껴온 시 한 편은 채색된 산수화처럼 아름다웠고 청아한 노래였다. 헤세의 〈편지〉를 적어 와서 읽다가 외우다가 잠이 들었던 기억도 난다. 하이네의 〈서정서곡〉을 혼자 읽기 아까워서 글 친구들에게 옮겨 적게 하고 누가 먼저 외우는가 내기를 하기도 했다.

훔쳐만 보던 책방에서 『세계명시선』을 샀을 때의 그 당당함이 얼마나 멋졌을까 싶다. '내 마음의 노래' 라고 고백할 정도로 언어의 매력에 설레었던 기억이 되살아난다. 구르몽의 〈낙엽〉을 읽으며 시몬이 되기도 하고 릴케의 〈소녀의 꿈〉에서 시집간 소녀가 되기도 하였다. 푸시킨의 '삶이 그대를 속일지라도 슬퍼하거나 괴로워하지 마라' 이 한 소절에서 포옹의 신을 만난 듯이 위로를 받기도 했다. 내 나라 시인들이 엮어내는 나라 사랑의 절규, 이상화의 〈빼앗긴 들에도 봄은 오는가〉를 읽으며 서러웠던 내 민족의 아픔과 민중 봉기의 외침을 들을 수 있었다. 수금과 비파로 장단을 맞추지 않아도 달고 오묘한 시를 읊으며 노래를 불렀던 기억도 아련하다. 글이 쓰고 싶고 책을 읽고 싶을 때 한 권의 책은 얻어먹다가 한 상 가득 성찬을 받은 기분이었다. 그때로써는 거금인 900환(책의 정가)을 주고 샀던 기억이 으슴푸레 떠오른다.

어리고 철부지로 보이는 나이였지만 너나없이 참으로 조숙하고 올되고 가난에 잘 훈련된 아이였다. 책을 사달라고 투정하거나 응석 한번 부린 적이 없다. 큰오빠를 잃은 후 석탄 백탄 타듯이 가슴에 불이 난다던 어머니를 살펴드려야 하는 어른 같은 사춘기를 보냈다. 어려서 겪은 전쟁의 아픔은 일찍 철이 들게 했고 애어른으로 웃자라 버렸는지도 모른다. 집안의 무거운 짐도 나누어지고 삼동설한에도 요동하지 않는 청솔처럼 참고 잘 견디었다. 세상 풍파 다 겪어본 사람같이 고뇌하고 슬퍼하면서 오직 문학서적에서 위로를 받았고 그 아름다운 마술 같은 언어에 황홀했고 민감했다.

시집(詩集)을 펼쳐 보니 페이지마다 붉은 줄을 그었다. 배신에 우는 슬픔, 외로움의 하소연, 실연의 아픔 같은 구절에는 독후감 같은 소견의 자국을 남겨 놓기도 했다. 가상(假想)인 줄 알면서 글에 쉽게 동화되어 버린 모습이 어른스럽다.

마지막 페이지에 쓰인 글귀에 눈이 머문다. 나라에서 제정하여 학교에서 조회 때마다 차려 자세로 선생님의 구령에 따라 복창하던 바로 그것, 〈우리의 맹서〉다.

1. 우리는 대한민국의 아들딸, / 죽음으로써 나라를 지키자.

2. 우리는 강철같이 단결하여 / 공산 침략자를 쳐부수자.

3. 우리는 백두산 영봉에 태극기 날리고 / 남북통일을 완수하자.

우리나라 정부 수립 후의 국가관과 어렵던 나라의 중심이 어디에 있었던가를 절실하게 일러준다. 그 구호는 우리가 받은 교육이었고 사상이 되었다.

바랜 시집 한 권에서 힘들게 살아온 날들과 꿈을 본다. 내 얼굴에 그려진 낙엽은 아무리 포장을 해도 세월의 숫자를 지울 수 없지만 감성만은 녹슬지 않고 소녀처럼 푸르다. 책도 주인 따라 변색되었으나 활자만은 선명하다. 다시 읽어도 가슴이 따뜻해지는 시어(詩語)들이 나를 붙든다. 옛날처럼 달빛 푸르른 밤을 새우며 가슴에 얹어놓고 마음의 노래를 부르며 꿈을 꾸는 소녀가 되어 보고 싶다.

(에세이21. 2013. 여름호)

생각건대 현재의 고난은
장차 우리에게 나타날 영광과 비교할 수 없도다
(로마서 8:18)

한 송이 흰 백합화

주방 한 편에 놓여 있는 작은 라디오는 항상 FM 채널에 고정되어 있다. 집안일을 하며 습관처럼 듣는 음악이라 새로울 것은 거의 없다. 오늘은 진행자가 신청자의 이름을 불러가며 가곡을 들려주고 있었다. 누군가가 노래 〈한 송이 흰 백합화〉를 신청했다. 귀에 익은 노래가 잠자던 감성을 깨운다. 설거지하던 손을 멈추고 볼륨을 높였다. 자리에 앉아 따라 불러본다. 사연도 많고 사무친 추억도 많았던 노래다. 가없는 생각들이 한꺼번에 몰려들어 마음이 산란하다.

곡도 청아하지만 소복 입은 여인처럼 가느다란 몸매에 웃는 듯 마는 듯한 백합화, 다소곳이 머리 숙인 흰 백합화의 고아한 모습이 눈에 아른거린다. 부끄러워 수줍고 얌전한 모습에 향기까지 품고 있어 맑고 고운 자태가 더없이 고상한 백합화는, 내 이름이었다.

백합화라는 꽃을 성경에서 처음 보았다. 성경 아가(雅歌)를 읽으면서 이 꽃의 아름다움을 알게 되었다. 솔로몬왕만큼 부귀영화를 누리고 수없이 많은 왕비와 궁녀를 거느린 임금은 성경에서도 드물다. 그런 왕이 이방 나라 애급(이집트)의 여자인 얼굴색이 검은 술람미를 흠모하여 쓴 성경이 아가서이다. "여자들 중에 내 사랑은 가시나무 가운데 백합화 같도다." 하고 사랑을 노래한다. 문장이 짧아 시(詩)처럼 읽히는 연서 같은 성경이다. 음운(音韻)의 리듬이 노래 같기도 하지만 백합화라는 꽃이 마음에 들었다.

어린 소녀들이 꽃처럼 예뻐지고 싶었던 것일까. 감이 떨어지는 소리에도 눈물이 난다던 친구들이 모여앉아 저마다 꽃 이름을 하나씩 지었다. 우리는 일부러 이름을 부르지 않고 꽃 이름을 불러주기로 했다. 노트에 적은 이름 뒤에 괄호하고 꽃 이름을 덧붙였다. 친구들은 모란, 흑장미, 매화, 라일락이라고 이름들을 지었다.

나는 성경 아가서를 읽은 탓인지 백합화로 하고 싶었다. 써서 놓고 보니 내 모습과는 너무 달라서 흡사하지도 않은 이름이었다. 차라리 우리 집 장독대의 낮은 담장 옆에 핀 나리꽃이 어떨까도 생각했다. "나리야" 하고 친구들이 불러 준다면 예쁠 것 같기도 한데, 대뜸 모란이라는 옥이가 "꽃이 사람 닮나? 사람이 꽃을 닮아야지" 하는 것이다. 이름이 백합화면 다소곳해지고 우아해지려나 하는 기대를 하며 요조해지고 싶은 욕심도 생겼다. 그로부터 내 이름은 백합화가 되었다.

나를 만나고 싶었던 그 남자는 우리 집 대문을 노크하며 나오라고 할 처지도 아니었고 용기가 충천하여 이름을 부르는 짓은 더욱 할 수 없었다. 우리 집 뒷길에서 언제나 노래를 불러 여기에 왔으니 나오라는 신호를 보내는 것이 나를 불러내는 수단이고 방법이었다.

어두움이 내리고 고요가 깔리는 초저녁의 적막을 가르고 들려오는 노래, "가시밭에 한 송이 흰 백합화 고요히 머리 숙여 홀로 피었네. 인적이 끊어진 깊은 산속에…. 그윽한 네 향기 영원하리라." 노래를 들으며 요동쳐 오는 심장의 고동소리는 작은 새처럼 포동거렸다. 끝났는가 싶어 귀를 세우면 이어지는 "부끄러 조용히 고개 숙였네. 가시에 찔릴까 두려워함인가 고개를 숙인 양 귀엽구나." 2절을 부를 때까지 화답을 보낼 길이 막막했다. 나를 불러내는 소리는 2절로 끝났는지 기다려도 더 이상 들려오지 않았다. 서운한 마음을 숨기지 못하고 어둑한 하늘을 바라보며 왠지 미쁘게만 여겨지는 그를 생각하면 끝없이 슬퍼졌다.

기다림에 지치고 그리움은 수북이 쌓여 가는데 보내오는 편지에는 언제나 백합화 이름을 불러 주었다. 만나면 연가처럼 손을 잡고 〈한 송이 흰 백합화〉 노래를 부를 때마다 흔들리던 마음은 자리를 잡아 단단히 여물어 갔다. 아무리 보아도 평범하고 향기 나는 여자는 아닌데 흰 백합화로 단정 지어주는 그를 보며 나도 그윽한 향기 나는 백합화로 피어나리라 생각했다.

비록 그와 같이 가는 길이 가시밭이고 두려운 미래라 할지라도 가시밭의 한 송이 백합화처럼 영원하리라고 다짐했다. "내가 그의 이름을 불러 주었을 때 그는 나에게로 와서 꽃이 되었다"라고 한 김춘수 시인의 〈꽃〉이라는 시처럼 나는 그가 불러주어 백합화가 되었다고 생각했다.

곱거나 향기로운 여자는 아니지만 백합화라고 친구들이 불러주고 그가 노래로 부를 때는 기품을 갖춘 얌전하고 청초한 나를 만들어 가리라 생각했고, 드러내지 않았지만 혼자 조용히 백합화가 되어 가는 것처럼 우월감에 도취한 때도 있었다.

백합화 노래에 실려 흩어져 있던 그리움들이 밀려온다. 식어버렸던 가슴이 따뜻해지고 메마른 땅에 단비가 내림같이 척박했던 가슴이 풀린다.

어여쁘고 순결한 백합화는 아니었어도 뿌리 내린 그 자리에서 이탈하지 않고 소리 없이 피었다가 지고, 졌다가 피면서 평범한 화초가 되어 한세상을 지내왔다. 비록 향기 나는 삶은 아니었지만 순백의 모습만은 잃지 않고 시들지 않으려는 의지 하나 붙들고 이름을 지켜온 것 같다.

되돌아본 아름다운 날들은 숨겨 두었던 소중한 보석 같기도 하고 꽃 가람 위에 윤기(潤氣) 흐르는 잔물결처럼 곱기만 하다.

(그린에세이. 2016. 11~12월호)

여자들 중에 내 사랑은 가시나무 가운데 백합화 같도다
(아가 2:2)

꽃 농사

꽃샘추위가 물러가고 소리 없는 봄비가 살금살금 내렸다. 나의 작은 채소밭에도 봄이 왔다. 이제부터 가을까지 찾아갈 곳이 있고 정 붙일 곳이 생겼다. 나의 봄은 지금부터 시작이다. 남 보기는 가소로울 만큼 볼품도 없고 소득도 없는 장난 같은 채소밭이지만 나의 마음은 이곳에 있다.

종묘상에서 사 온 고구마 순도 심고 고추 모종도 심었다. 가장자리 이랑 옆으로 줄을 세워 꽃씨를 뿌렸다. 눈을 뜨는가 싶더니 어느새 파란 떡잎이 얼굴을 내민다. 채소는 식물인데도 보는 재미의 화초를 더 사랑한다. 사서 심은 모종들보다 씨앗을 뿌린 꽃들이 더 예쁘다. 세상 한 모퉁이가 훤한 것처럼 내 가슴이 환하게 밝아진다. 어릴 적부터 유난히 꽃을 좋아하는 나에게 엄마는 늘 그랬다. 꽃을 좋아하면 눈물이 많다고… 어머니 말에 보증이라도 하듯 나는 눈물이 흔한 편이다.

꽃이 피면 벌 나비는 잘도 알고 찾아오는데 꽃을 보러 사람은 오지를 않는다. 이곳저곳에서 얻어온 꽃씨를 내 손으로 심고 가꾸다 보면 채소보다 더 정이 가고 눈길도 먼저 가고 마음도 따라간다. 이 소중한 생명 하나하나가 커 가는 모습이 신비로워 경이롭기까지 하다.

아침마다 채마밭으로 달려가는 내 발길은 언제나 설렌다. 그들에게 가서 자주 말을 건넨다. 가물어 목마르면 밤사이 이슬이라도 양껏 먹었는지 묻기도 하고 바람에 허리가 꺾어진 꽃대를 보면 가엾어서 풀잎으로 붕대처럼 감아서 꼿꼿하게 세워 주며 많이 아프냐고 물어보기도 한다. 정녕 허리를 펼 수 없는 녀석은 조심스럽게 집으로 데려와서 예쁜 꽃병에 담아놓고 이렇게라도 연명하며 당분간 살자고 달래준다. 식구들이 나의 꽃 사랑이 너무 지나치게 극성스럽다며 내년에는 농사 걷어치우고 아예 꽃만 심으라고 하는 말이 서운하게 들린다.

흙에 손 담그고 잔돌을 가려낸 후 부드러운 흙에 꽃씨를 묻을 때 나만이 느끼는 행복을 그 누가 알까. 한해살이 꽃이지만 앞다투어 피기 시작하면 그곳에 아예 눌러앉아 들판을 가로질러 찾아오는 솔바람을 맞으며 일상에서 벗어나 일탈이 주는 한가로운 행복에 젖는다.

키가 큰 노란 여름 코스모스와 색색의 백일홍과 봉숭아, 참새 같은 작은 입에 붉은 연지를 칠한 유홍초, 이들은 사이좋게 서로 자리를 양보하며 줄지어 서 있다. 내 편 네 편 가르지도 않고 시기도 없고 질투도 없이 사이좋게 피고 진다. 지나는 길손이 "꽃 농사 잘 지었네요." 한마디 던진다. 귀한 땅에 채소는 뒷전이고 꽃에만 정성 들였다는 말로 들린다.

뜨거운 태양 아래 바람에 흔들리며 겸손하게 피어 있는 생명들. 장엄하고 우람해야 위대한 것이 아니다. 작으면 작은 대로 약하면 약한 대로 제 몫을 다 하고 있는 꽃들의 삶이 훨씬 위대하고 대견스럽다.

지난해는 채마밭에 경사가 났었다. 백 년에 한 번 핀다는 고구마 줄기에 꽃이 피었다. 이웃한 고구마밭에서는 꿈쩍도 않는데 우리 밭에만 찾아온 경사에 얼마나 신이 났는지 모른다. 아침에는 피고 저녁에는 오므리는 나팔꽃 모양의 고구마꽃이 피고 지기까지를 사진에 담아 친구들에게 날려 보내며 자랑하기도 했다.

친구 별장에 지천으로 자라고 있는 방아(배초향) 모종을 얻어다가 심었다. 어릴 적부터 인이 박일 만큼 좋아했던 방아 잎의 향기는 바로 고향의 냄새다. 부추에 풋고추와 조갯살, 그리고 방아 잎을 듬뿍 따서 넣고 버무려 전을 부칠 것을 생각하며 심었다.

다음 날 밭에 가보니 방아는 한 포기도 남김없이 송두리째 없어졌다. 분명히 방아를 아는 이의 소행이라는 짐작이 갔다. 방아를 아는 사람이라면 분명히 고향 사람이라는 생각이 드니 서운한 생각이 없어졌다. 얼마나 탐이 났으면 뽑아 갔을까? 훔쳐 간 사람을 만날 수만 있다면 잘 가져갔다고 말해 주고 싶었다. 방아는 모르는 사람이 더 많다. 허브 냄새가 난다고 싫어하는 이도 있는데 유독 내 고향 사람은 그 냄새에 고향을 생각한다. 부추전에는 필수로 넣어야 제맛이 난다.

방아 잎은 다년생이다. 보랏빛의 꽃도 예쁘다. 잎이 많이 달릴 때를 맞추어 고향 친구들 만나는 날에 잎을 따서 인원수만큼 봉지에 담아 전할 때가 큰 즐거움이다. 그날의 저녁상은 같은 메뉴로 방아 잎을 넣은 부추전일 것을 생각하면 행복하다.

작열하는 뙤약볕에 열매가 익는다. 고추가 익으니 꽃씨도 따라 여문다. 열매를 따고 있으면 등줄기에 땀이 흘러도 오직 즐거운 노역이다. 그것도 수확이기에 즐겁다. 꽃씨를 부탁한 친구들을 생각하니 나누어 줄 생각이 앞선다.

여러 개의 봉지에 같은 꽃씨라도 색깔을 구분하여 담아 두는 추수의 기쁨이 오붓하다. 익은 고추를 말리는 것은 햇볕 좋은 날이어야 하지만 종자는 그늘에서 말린다. 심은 대로 거두는 것은 자연의 법칙이고 이치에도 맞거니와 농사는 거짓도 없고 술수도 없다.

봉숭아도 붉은색이지만 다 다르다. 연분홍이 다르고 진홍색과 꽃분홍이 다르다. 백일홍에도 겹이 있고 홑겹이 있다. 색은 무지갯빛보다 더 다양하다.

화려한 장미도 아니고 수려한 향나무도 아니다. 향기 나는 정원수도 아니지만 흙 속에서 발아하여 생명으로 한 철을 누리다가 열매를 남기고 잦아지는 한해살이 들꽃에 마음을 듬뿍 주었다. 종자를 말려 저장하는 거친 손의 여자, 텅 빈 마음을 채워주던 들꽃은 내년 봄을 기약하며 헤어진다. '자세히 보아야 예쁘다. 오래 보아야 사랑스럽다. 너도 그렇다.' 나태주 시인의 시 〈풀꽃〉처럼 고운 꽃들이 나의 손끝에서 피다가 그리움만 남기고 떠난다. 내년을 기약하면서…

(2006)

무엇이든지 기도하고 구하는 것은 받은 줄로 믿어라
그리하면 너희에게 그대로 되리라
(마가복음 11:24)

하늘의 사람들

고흥반도 끄트머리 녹동항에 닿았을 때는 장맛비는 개이고 맑고 푸른 하늘이다. 바닷바람마저 상큼하다. 한 씨들을 위한 봉사라는 명목으로 왔지만 처음 가는 길이라 여기서부터 긴장이다. 새벽에 출발한 우리 일행은 소록대교를 건넜다. 외로움과 한이 서릴 것 같은 금단의 섬을 성한 사람들이 여행 삼아 드나든다는데 우리에겐 그런 느긋한 여유가 아니다. 마음이 무거우니 걸음도 무겁다. 유배지처럼 세상과 멀어져 격리된 섬이라는 것만 생각해도 망설여지기만 했다.

얼마 전만 해도 바다가 가로놓여 배를 타고 건너야 했지만 녹동항과 소록도를 연결하는 소록대교가 놓이면서 육지와 지척인 이웃 동네가 되었다. 소록도에 거주하는 환자들을 예전에는 문 씨라고 불렀다. 지금은 한센병이라는 공통어를 사용하면서 한 씨라는 이름으로 통하는가 하면 소록도라는 이름 대신 S섬이라고 부르기도 한다.

사흘간 소록도 교회의 집회를 맡은 목사님과 봉사자들이 이곳으로 떠나오는 그 시간까지 내 안에 자리 잡은 선입견과 고정관념은 봉사의 길을 주저하게 했다. 어떻게 하면 이 대열에서 벗어날지 구실과 핑계를 꾸며서 피할 방법을 구체적으로 제시하였지만 허사였다. 그러나 이곳에서 하얀 백지처럼 티 하나 없이 맑고 밝은 천국 사람들을 보았고, 낙원의 평화를 보았다. 누가 그들 앞에서 헛말이라도 아프다 슬프다 말할 수 있을까.

하늘이 내려 주신 천혜의 땅에서 조용히 피고 지는 청순한 들꽃 같은 사람들을 만났다. 그들의 따뜻한 마음은 육신의 고통스러운 흔적을 덮어버렸다. 기도는 진실하여 하늘에 사무치고 찬송소리는 곱고 청아해서 듣는 이의 가슴을 은혜로 가득히 채운다.

고통과 시련의 파도를 넘어 우애와 사랑으로 천국을 소망하며 사는 행복한 사람들. 천형이라는 병의 노예가 되어 가족과 격리된 생활을 하고 있지만 서로에게 위로가 되고 의지가 되는 핏줄보다 진한 형제다. 오해도 없고 미움도 없다. 넋두리라도 나올 법한데 귀가 밝아 들을 수 있으니 감사요, 아픈 것은 살아있는 증거요 선물이라고 한다.

성치도 못한 손으로 손뼉을 치지만 나보다도 더 따뜻한 가슴을 지녔고 우리에게 들려주는 고운 말에는 진실과 정성이 담겨있다. 일그러진 얼굴에 가득한 감격의 웃음을 보며 저렇게도 후련한 밝은 웃음의 의미는 무엇일까, 확실한 자신감의 표현이 부러웠다. 세상을 탓하며 비방하고 모두가 남의 탓이라고 소리 지르는 우리들이건만 내 탓이라고 가슴을 치며 나라를 위해 울며 기도하는 모습은 목숨도 내어놓은 애국자보다 더 간절하다. 얼마만큼 이 땅에서 수한을 누릴지 모르지만 선택받은 거룩한 순교자처럼 보인다.

단정한 양복에 넥타이를 맨 신사가 공손히 인사를 하며 우리 일행의 숙소를 안내한다. 이곳에서 주저 없이 해야 할 일 중에 손을 잡아 주고 포옹을 하라던 말이 생각났다. 고맙다는 인사와 함께 손을 내밀었다. 등 뒤로 얼른 붕대 감은 손을 감춘다. 나의 무례함이 민망하여 허공을 보며 그의 시선을 피했다. 그는 웃으며 감사하다는 말로 대신하였지만 나의 배려가 형식임을 눈치채고 사양한 것 같아서 가슴이 떨렸다.

단정하게 손질된 중앙 공원에 넓은 반석 같은 돌비에 한하운의 시(詩) 〈보리피리〉가 새겨져 있다. 보리피리는 누워서 불어야 제멋이 나기에 두꺼운 돌판을 눕혀 놓았을까. 걸음을 멈추고 내려다본다.

'보리피리 불며 봄 언덕 고향 그리워 피－ㄹ 닐리리 / 보리피리 불며 꽃 청산 어린 때 그리워 피－ㄹ 닐리리 / 보리피리 불며 인환의 거리 인간사 그리워 피－ㄹ 닐리리 / 보리피리 불며 발랑의 기산하 눈물의 언덕을 지나 피－ㄹ 닐리리'

한하운 시인은 떠났어도 그의 시는 한 씨들의 슬픔을 달래며 이곳에 오는 이들의 가슴을 적신다.

저녁답에 적막이 감도는 조그마한 단층집 앞에서 떠나간 옛 주인을 그려본다. 스물일곱 고운 나이에 낯선 이국땅 버림받은 섬에 와서 평생을 보낸 마리아 수녀와 마가렛 수녀는 천사일까 성자일까. 한 씨들의 어머니로 살았던 사십삼 년의 긴 세월, 젊음도 버리고 일생을 바친 하늘의 사람이었다. 장갑을 끼지 않은 맨손으로 환자들을 치료하며 같은 상에서 먹고 같이 울고 함께 손잡던 사랑의 화신이었다. 일흔의 나이가 되어 쇠잔해진 육신을 더는 지탱할 수가 없어 고국 오스트리아로 돌아갔다. 하나님을 대신했던 희생의 어머니가 거처하던 집만 홀로 남아 있다.

하늘의 사람과 땅의 사람, 알곡과 쭉정이, 43년과 사흘, 비교할 수 없는 멀고 먼 간격이다. 한국에 올 때 들고 왔던 낡은 가방 그대로 들고 새벽에 도망치듯 고국으로 떠난 수녀님들의 43년 헌신의 삶에, 사흘간의 봉사를 피하려고 했던 쭉정이 같은 땅의 사람이요, 어리석고 이기적이었던 나를 어찌 비교할 수 있을까. 잎만 무성하고 열매 없는 무화과나무 같은 나를 돌아보니 빚진 자의 마음이 무겁게 내려앉는다.

(그린에세이. 2018. 5~6월호)

살든지 죽든지 내 몸에서 그리스도가 존귀하게 되게 하려 하나니
이는 내게 사는 것이 그리스도니 죽는 것도 유익함이라
(빌립보서 1:20-21)

백일홍 찬가

채마밭 가에 심어 놓은 백일홍이 복더위 가뭄에도 시들지 않고 꿋꿋하게 자라 꽃을 피웠다. 지나는 분들의 눈도 호사시키고 채소만 자라고 있는 주위를 밝고 환하게 하니 대견스럽다. 많고 많은 꽃들 중에 하필이면 백일홍일까. 열흘 붉은 꽃이 없다는 말처럼 쉽게 낙화하는 꽃은 정 붙이려다가 끝나버린다. 백일홍은 유월에 피기 시작하면서 시월까지 방실방실 피고 지고를 거듭한다. 흰색부터 자주색까지 색색이 곱고도 다양하다.

한 녀석이 목이 꺾여 고개를 푹 숙이고 있다. 조심스럽게 살아 있는 상체 부분을 가위로 잘라 바구니에 담는다. 꽃병에 담아 식탁 위에 두고 단 며칠이라도 연명하게 해주고 싶어서다. 기본 수명인 석 달의 생애도 채우지 못하고 바람에 꺾여 속절없이 가버리는 허무한 생명, 건사를 잘못하여 지지대라도 세워 주지 못해 가책을 느낀다. “그래 집으로 가자” 꽃을 보고 한마디 한다. 순간 아랫도리가 없어져서 힘을 잃었던 꽃이 웃음을 찾은 듯 환하다.

생명이 있는 것은 동물이나 식물이나 말귀를 알아듣는 것 같다.

초봄, 쌀쌀한 하굣길 양지바른 길섶에 민들레가 피어 있었다. 키는 작지만 샛노란 앉은뱅이 꽃을 뿌리째 뽑아 흙과 함께 손에 움켜쥐고 집으로 달려왔다. 장독대 울타리 옆에 심었다. 엄마가 그건 풀이라고 하실 때 나는 꽃이라고 우겼다. 꽃을 좋아하면 눈물이 많단다. 너는 지나치게 꽃을 좋아해서 탈이라며 못마땅해하시던 엄마가 생각난다.

겨울이면 부엌 한쪽에 땔감을 쟁여둔 밑바닥에는 늦가을에 캐어 묻어둔 달리아와 칸나 구근이 묻혀있었다. 땔감에 눌려서 죽었는지 살았는지 확인해 보고 싶다고 하면 어린 동생의 극성에 언니는 싫다는 내색 없이 땔감을 밀어내고 살아 있는 구근을 보여 주곤 했다.

우리 집 꽃밭의 주인은 언니고 나는 조수 정도 되었던 것 같다. 점박이 나리꽃과 샛노란 키다리 여름 국화와 채송화는 언제나 장독대 곁에 자리를 잡았었다. 담장 옆으로 줄지어 선 칸나는 키가 커서 담을 넘어 밖에서도 보였다. 접시꽃도 예쁘게 키 자랑을 했다. 칸나는 대통이 실해서 넘어지지 않는데, 달리아는 몸통이 약해서 비가 많이 쏟아지면 벌집 같은 꽃송이를 지탱하지 못하고 넘어지기가 십상이라 지지대를 세우는 일은 늘 오빠 몫이었다.

마당 가장자리 구석지고 습한 곳에는 꽈리가 주렁주렁 달렸었다. 꽈리가 얼마나 자랐는지 보고 싶어서 꽈리 봉지를 다 열어 보다가 언니한테 야단을 맞기도 했다. 연분홍 모란이 피면 쪼그리고 앉아 향기를 맡았다. 벌이 날아들었다. 꽃을 사랑하는 것은 내 마음이었다.

언니는 봉숭아가 피면 꽃을 따서 백분과 같이 이겨 손톱 위에 얹고 아주까리 잎으로 돌돌 말아 실로 묶어주었다. 풀어지거나 빠질까 봐 단단히 묶은 손가락이 무척 아팠지만 빨갛게 물들 손톱을 생각하면 참을 수 있었고 잠을 설쳐도 좋았던 여름밤이었다. 마당 한가운데 서 있는 상나무에 파란 열매를 따서 동생과 공기놀이를 하고 놀던 그때를 잊지 못해서 지금도 꽃을 사랑하는지도 모른다.

어릴 적 우리 집 꽃밭은 나의 유년의 그림이고 그리움이다. 빌어 얻은 채밭에 꽃을 가꾸면서 문득문득 엄마 말을 증명이라도 하듯 눈물이 많은 편인 나를 돌아보며, 꽃을 좋아하기 때문인가 싶기도 하다.

사람을 즐겁게 하는 꽃으로 환생하기까지 내 손을 빌려 태어나는 백일홍은 꽃씨를 뿌린 후 떡잎이 나올 때부터 불청객인 풀들을 뽑아내고 북돋우어 준다. 하루가 다르게 자라는 모습은 자식을 키우는 마음이다.

벙거는 얼굴이 탐스러워 말을 걸기도 한다. 백일홍도 눈이 있고 귀가 있는지 내가 웃으면 따라 웃는 것 같다. 꽃의 순결함을 닮을 수는 없지만 가만히 들여다보고 있으면 어느새 나도 순수해진다. 나의 이런 꽃 사랑을 아는 친구는, 꽃하고 얘기하는 사람은 처음 본다며 놀린다.

내 사진첩에는 백일홍 얼굴뿐이다. 친한 벗에게는 색색의 사진을 날려 보내며 보란 듯이 자랑한다. 컴퓨터의 바탕화면에도 전화기의 잠금 화면에도 붉고 희고 노란 그들의 얼굴뿐이다. 밤이면 밤이슬 먹고 자라고 해 뜨면 나를 만나 대화하는 예쁜 꽃 백일홍은 정성을 다하는 내 마음을 아는 듯 방긋이 웃는다. 지나가는 분이 "꽃 농사 성공했습니다" 하면 그 소리가 참 듣기 좋다.

여름이면 산들바람 친구와 너울너울 춤추며 지내다가 가을이 깊어 서늘한 나뭇잎 뒹구는 소리가 들릴 때까지 유전의 씨앗을 남기려는 끈기의 몸부림이 초라해 보인다. 이 작은 한 톨이 내년에 만나 꽃피울 기약이다. 꽃씨를 받을 때 마음은 항상 조심스럽다. 약한 자식을 보는 듯하다.

엄마가 병약한 나를 키울 때 날마다 떨렸다고 했다. 실버들처럼 가늘고 검불처럼 말라서 금방이라도 바스러질까 봐 마음을 놓지 못했다고 하셨다. 약도 체할까 물도 걸릴까 조심스러웠다던 딸이었다. 꽃씨를 받을 때마다 엄마의 그 말이 생각난다. 내년에도 화려하게 태어나기로 무언의 약속을 하고 이별을 한다.

백일홍은 나의 위안이고 기쁨이다. 해마다 어여쁜 봄에 나와 만나 정을 나누다가 늦은 가을 헤어지는 정인 같다. 나를 설레게 하는 티 없이 맑은 예쁜 꽃이여.

(2012)

하나님이 모든 것을 지으시되 때를 따라 아름답게 하셨고
또 사람들에게는 영원을 사모하는 마음을 주셨느니라
(전도서 3:11)

누가 중산층인가

우리나라 중산층의 기준을 말할 때 신문 보도에 근거한다면 갚아야 할 부채가 없고 30평 이상인 아파트를 소유하고 있으며 월 수입이 500만 원 이상이어야 한다고 한다. 자동차는 2000CC 이상을 소유해야 하고 예금 잔고가 일억 이상은 되어야 한다. 또한 1년에 한 번 이상 해외여행을 할 수 있다면 대충 대한민국의 중산층이라고 한다.

이 모든 조건은 물질적인 돈에 가치를 두고 그려 보는 기준일 것이다. 재물보다 더 소중한 건강이 우선이 되고 화목한 가정과 아이들이 공부에 시달리지 않고 자랄 수 있는 교육환경이 먼저였으면 싶다. 작은 것이라도 이웃과 나누고 베푸는 것이 생활화되는 것이 재물로 매기는 기준보다 더 가치 있는 중산층이 아닐까.

우리 조상들이 되고 싶었던 '살 만한 중산층'의 기준을 생각해 본다. 초가삼간 집에 내 손으로 경작할 대여섯 마지기 전답을 가질 수 있고 시렁 위에 서적 몇 권 얹어두고 햇볕 잘 드는 마루에 앉아 점심을 먹을 수 있고 향이 좋은 차를 달일 화로 하나면 부러울 것이 없었다고 한다. 나이 들어 걸을 힘이 부실한 노인이면 몸을 부축할 지팡이 하나와 봄 경치 찾아다닐 나귀 한 마리는 덤이요, 거문고 하나 있으면 우수리라 생각하였다고 한다. 의리를 지키고 도의를 어기지 않으며 나라의 어려운 일에 바른말 하고 사는 것이 중산층이라 하였다는데 야박해진 세상이 씁쓸하다.

영국의 중산층을 보면 참으로 근사하다. 경쟁에서는 페어플레이를 할 것이며 자신의 주장과 신념을 가지되 독선적으로 행동하지 않으며 약자를 두둔하고 강자에 대응하며 불의와 불법에 의연히 대처하는 것이 중산층의 기준이라고 한다. 사회 참여에 중점을 두되 정직한 선진국의 삶의 질이 부럽기만 하다.

프랑스의 중산층은 기준이 또 다르다. '외국어를 하나 정도는 할 수 있어야 하고, 즐기는 스포츠와 어디에서나 원한다면 주저 없이 연주할 수 있는 악기를 소유하고, 즐기는 요리 하나쯤은 만들어서 식구들을 즐겁게 해주며 자식은 고교를 마치고 자립할 수 있도록 도와주고, 약자의 편에서 항상 도와주고 남을 위한 봉사 활동을 억지로 하는 것이 아니라 생활화하여 꾸준히 하는 것' 이라니 정신적으로 깨어 있는 멋진 프랑스의 중산층은 우리에겐 그림이다.

여가 즐기기를 우선으로 생각하는 미국인의 기준으로는 한 해

75000달러 정도를 벌며 가족과 친구와 여가를 많이 보내는 사람일수록 중산층이며 행복하다고 한다. 돈을 펑펑 많이 쓰는 것이 아니라 그만 한 수입에 걸맞게 행복을 엮어 나가는 멋진 삶이 이어지는 것이다.

물질의 많고 적음에 기준을 둔 중산층을 염두에 둔다면 항상 모자라고 가난해진다. 조금 비켜서 생각해 보면 순한 생각이 눈앞에 다가선다. 진리 앞에는 언제나 어엿이 서고 건강한 마음 하나로 불의와 타협하지 않으며 우애로 가족이 화목하다면 무엇을 더 바랄까. 내가 조금 손해 보는 것이 마음 편하고 어려운 이웃이나 가련한 사람이 눈에 띄면 지갑 열어 손에 쥐어 주고 길을 가다 비를 맞는 사람 있으면 같이 쓰도록 우산을 받쳐 주는 여유, 배려하는 따뜻한 마음 하나 가진다면 중산층이 부럽지 아니할 것이다.

내가 우거하는 공동주택에는 거의 중산층 기준을 웃도는 사람들로 보인다. 많은 세대가 살고 있지만 인사하고 지내는 사이가 별로 없다. 나만 인사를 잘하는 편이다. 엘리베이터를 같이 타도 화난 사람처럼 지나친다. 도도하고 오만함은 소유와 비례하는 듯하다. 나도 문제는 있다. 마음 터놓은 집이 열 집도 안 되지 싶다. 사람이면 다 사람이 아니라는 말처럼 가진 자의 횡포라고 하면 맞을까.

내 생활은 중산층에 속했을까 살펴보았다. 젊을 때부터 참 소박한 꿈 하나 가지고 있었다. 봄이면 일년생 꽃씨를 뿌릴 만한 자그마한 뜰이 있고 여름이면 그늘을 드리운 테라스 아래 평상 하나 놓을 만한 아담하고 양지바른 집, 겨울이면 보리차가 끓는 난롯가에서 책을 읽는 평범한 꿈이었다.

소박한 바람이 현실이 되어 울타리에 장미까지 올리고 앞마당에 목련이 후드득 떨어지고 뒷마당의 감나무에는 감이 주렁주렁 열리는 집에서 살면서도 중산층이라고 생각하지 못했다. 사람은 얼마만큼을 가진다고 중산층이 되는 것이 아니다. 적게 가졌는지 많이 가졌는지는 중요하지 않다. 이웃을 사랑하고 어려운 이를 살펴주고 나누기를 즐겨 하는 사람이 중산층인 것이다.

지나쳐도 눈인사도 없는 이웃들. 문 닫고 살면 옆집도 멀기만 하다. 이웃사촌은 옛말이 되어 버렸다. 부침개라도 하나 부치면 담 너머로 손 내밀고 주고받던 달동네의 인정이 그립다. 다닥다닥 붙어 살던 산동네 사람들이 정신적으로 중산층이 아니었을까. 행복지수의 기준이 된 중산층은 눈에 보이는 화폐의 숫자로 재려 하지 말고 생존 넘어 자존(自尊)의 높이를 재어 봄이 어떨까. 행복은 결코 눈에 보이는 숫자가 아니기 때문이다.

(2010)

사랑하자 형제들아 우리가 서로 사랑하자 사랑은 하나님께 속한 것이니…

(요한1서 4:7)

설날

어릴 때는 명절이 다가오는 것을 손꼽아 기다렸는데 지금은 자식과 친척들이 오기를 기다린다. 설을 구실 삼아 자녀들이 모여들어 북적대서 좋고 음식 냄새도 풍기고 조용하던 공간에 훈풍이 분다. 어린 손자 녀석들은 저희들끼리 방 하나 차지하고 뒹굴며 놀고 있고, 며느리들은 주방에서 일하며 지저거리고, 아들들은 저희들끼리 세상 사는 얘기 하느라 거실 차지하여 왁자지껄하니 세상에 이보다 듣기 좋은 하모니는 없을 것 같다. 둘이서 오도카니 살다가 사람 사는 것 같은 것이 명절이다.

명절 끝에 먹다 남은 생선토막이나 자투리 전들을 섞어 얼큰하게 끓인 찌개는 명절 아니면 맛볼 수 없는 특별한 별미다. 그러나 이번 설은 참 허전하다. 냉장고도 헐렁하니 비어있고 다용도실 선반 위에도 덩그러니 비어 있다. 생각지도 못한 설 같지 않은 설을 보내고 식구들이 떠난 썰렁한 자리를 정리하며 서글프고 외롭다.

남편은 맏이고 단 형제뿐이다. 그렇게 단출한 형제지만 식구가 많이 늘어나서 모이면 집이 그득하다. 우리 집 며느리 하나에 작은 집 며느리 둘, 며느리가 셋에 손자들이 여섯이다. 거기에 일찍 부모님 여의고 우리를 부모처럼 의지하고 사는 조카네 식구까지 모이면 스무 명이 넘는다.

명절이면 동서와 나, 그리고 며느리 셋이서 겹치지 않게 분담해서 해 오는 음식은 거의 정해져 있다. 어쩌다 별미라도 해 오면 솜씨도 자랑하고 칭찬도 오가고 정이 넘친다. 내가 맡은 전담 메뉴는 생선을 굽고 해물을 많이 넣어 국을 끓이는 것이다.

어머님이 계실 때 명절이나 기일이면 준비하던 탕국은 며느리인 내가 전수받은 필수 과목이다. 한 분뿐인 시동생이 어머니가 해 주던 음식이 먹고 싶을 것 같아서 준비를 하는 것이 생선이고 탕국이다. 우리 집의 이런 전통은 나의 자랑 중의 하나이기도 하다.

설을 한 달 정도 남겨둔 어느 날, 며느리 셋이 의견을 모아 통보해 온 사연은 이번 설은 주문한 음식으로 치러 보면 어떻겠냐는 것이었다. 들으면서도 '해 보는 소리겠지' 생각하고 대답도 하지 않았다. 설이 닥치고 보니 사실이었다. 설날 아침 뷔페가 배달되었다.

세상이 달라지고 편한 것이 좋은 세상이니 나이 들어 구박받기 전에 저희 하는 대로 두고 보리라 생각했다. 본래의 마음은 접어

두고, 고루하고 말이 많은 시어미는 되고 싶지 않았다. 세상 흐름 따라 사는 것이 편할 것 같았다. 이것도 신종 개발이고 신선한 아이디어거니 생각했다.

스무 명이 넘는 가족들의 설거지만도 얼마나 힘든가. 집에서는 떡국만 끓이면 된다니 며느리들 의견도 존중해 주고 뒤처진 내 고집스러운 사고방식도 이번 기회에 현대 시어머니답게 바꿔 보자는 마음으로, 싫은 소리 한번 하지 않고 동조하고 말았다.

명절이나 기일이 다가오면 시어머님 계실 때 배웠던 대로 음식 준비는 내 몫으로 알고 해 왔었다. 갖은 나물 준비와 색색의 전유어도 빼놓을 수 없는 것이고 생선도 미리 준비해 두었고 그중에도 빠져서는 안 되는 것이 탕국이었다. 수십 년 하다 보니 어렵지도 않고 으레 하는 것이라 재미도 있고 오랜만에 식구들 먹일 것을 생각하면 늘 즐거웠다. 특히 시동생이 즐기는 탕은 어머니의 손맛을 떠올릴 만큼 갖은 해물을 넣어 배운 대로 준비하면서, 어머니 솜씨를 이어받은 형수가 있다는 기쁨도 주고 싶은 마음이었다.

해마다 나 혼자서 그 많은 가족들을 먹이려고 준비하는 것을 딱하게 여긴 남편이 어느 해 멋진 제안을 했다. 이제는 대접받을 나이도 되었으니 며느리들 셋이서 몇 가지씩 음식을 나누어서 해 오는 것이 좋겠다는 멋진 아이디어였다. 가족들이 모인 자리에서 제일 어른인 남편이 집안에 행사가 있을 때는 다섯 집에서 음식을 나누어서 해보라는 영을 내린 것이다. 우리 집과 작은집 그리고 며느리 셋이서 의논하여 나누어서 해 오도록 하라는 지엄하신 분부 한마디는 나를 참 편안하게 해주었다.

그 후로 설이나 추석이면 내 몫으로는 떡국이나 탕만 준비하면 되었다. 며느리가 해오는 음식을 보면 어린 막내며느리는 인스턴트로 쉽게 조리한 음식인 반면에 큰며느리는 육류를 준비하고 둘째는 손이 많이 가는 전유어를 담당했다. 동서는 나물이나 잔손이 가는 것을 모양도 예쁘게 준비해 왔다. 아주 공평하게 분담을 해 와서 풍성한 명절을 지내기를 십여 년 넘게 해 온 것이다.

금년 정월 초하룻날 배달된 뷔페는 일회용 밥그릇, 국그릇, 숟가락까지 다 딸려왔다. 집안에 냉기가 돌았다. 썰렁하고 황당했다. 가지 수는 많지만 오붓한 정성으로 간이 밴 집안의 손맛은 오간 데 없어지고 한 번 먹고 버리는 출장 음식이 차갑기만 했다. 명절이라고 집안에 들어서면 음식 냄새도 나고 국 냄새도 나고 사람 냄새도 나야 하는데 애틋한 정도 없는 주문한 음식이 서글펐다. 식구들도 언뜻 수저를 들지 않았다. 가장인 남편의 한마디는 천금이다. 이런 명절은 이번이 처음이고 마지막이니 다시는 하지 말 것을 명했다.

어머님이 살아 계실 때 나는 참 젊은 며느리였다. 추석이 지나고 나면 달마다 기일이고 집안 행사가 닥칠 때마다 일도 무섭지만 빠듯한 가계의 부담도 싫었다. 미리미리 생선을 사서 소금 간을 하여 햇볕이 좋은 날 망을 씌워서 느긋하게 말리던 일이며 탕거리를 준비하는 일도 손이 많이 가고 갖가지 나물을 준비하는 과정도 힘이 들었다. 집안 행사 준비에 들어가는 지출이 예사가 아니어서 가계부에서 조금씩 따로 떼어 놓았다가 행사를 치르기도 했다. 일이 힘들어도 넉넉한 살림이라면 그도 할 만한 일이지만 없는 살림에 이중으로 힘이 들었던 일들이 눈앞에 어른거린다.

어머님이 살아 계시면 무어라 말씀하실까. "어미야 이제 너도 편안히 살아라. 좋은 세상 아니냐. 며느리들 하는 대로 뷔페면 어때? 난 아무래도 괜찮다" 하실 것 같다. 어머님은 항상 내 편이셨다. 신앙을 가지신 후로는 그 많은 기일이 다가올 때마다 음식은 식구들을 위해 준비하셨고 예배드리는 기쁨을 누리셨다. 오늘따라 고마우신 어머님이 참 보고 싶다.

며느리들이 탐탁잖게 여긴 어른들의 마음을 알아차린 모양이다. "다음부터는 저희들이 분담해서 전처럼 준비해 오겠습니다." 하던 며느리들의 말 한마디에 서운한 마음이 가라앉는다. 지금 세상은 자식 눈치 보며 사는 세상인데 이만한 자식들도 없다고 생각하니 위로가 된다.

'형제가 연합하여 동거함이 어찌 그리도 선하고 아름다운고,

헤르몬산의 이슬이 내림 같도다' 하는 성경 말씀처럼 오순도순 서로 몸 비비고 등 기대면서 우리 형제의 모임이 대대에 변함없이 이어가기를 바랄 뿐이다.

(2012)

형제가 연합하여 동거함이 어찌 그리 선하고 아름다운고
헤르몬의 이슬이 시온에 내림 같도다
(시편 133:1)

개미와 베짱이

초등학교 3학년 도덕시간에 선생님이 이솝우화에 나오는 개미와 베짱이를 읽고 독후감을 쓰라는 문제를 내었다.

답은 여러 가지였다. 게으른 베짱이는 일하지 않고 놀기만 하였으니 대가로 겨울이 오면 배가 고파서 구걸을 해야만 하는 가난뱅이가 되는 것은 당연한 결과이고, 땀 흘리며 일한 개미는 추운 겨울이 와서 일을 하지 않아도 저장된 양식이 많아서 걱정이 없을 것이니 개미처럼 부지런해야 한다고 적은 학생이 많았다.

노래 부르는 것이 베짱이의 일이라면 일하는 동안은 즐겁게 살았을 것이다. 다만 겨울이 온다는 것을 알지 못했으니 저축이라는 자체를 생각지 못했을 뿐이다. 노래도 없고 배고픔이 있는 겨울을 예측하지 못하여서 구걸 행세를 하는 가엾고 불쌍한 베짱이가 가엾다고 적은 아이도 있었다.

개미는 넓은 마음으로 모아둔 양식을 빌려주어서 먹게 하면 좋겠다, 내년에는 노래 불러 수입이 좋을 때 갚으라고 하면 어떨까,

선한 개미의 마음이 배고픈 베짱이를 살려주고 더 좋은 친구 관계를 이어가면 좋겠다고 적은 아이도 있었다.

또 다른 아이는 겨울이 지나면 베짱이도 일할 수 있도록 개미가 설득을 잘해서 일을 같이하도록 하고 우선은 나누어 먹고 살았으면 하는 교육적인 답을 쓴 아이도 있었다고 한다. 틀린 답은 없다. 모두 맞는 답이다. 아이들의 생각 차이만 있을 뿐이다. 평소에 집에서 보아왔던 부모의 품성과 가정의 도덕성과 가치관에 따라 어린이들의 기준이 조금 다를 뿐이다.

아이들은 들은 대로 말하고 본 대로 행동한다. 남에게 나누어 주는 것을 보고 자란 아이와 어려운 이웃한테 베푸는 것보다 우리만 잘살면 된다는 사고력을 가진 아이의 차이점은 무엇일까. 사랑을 받고 자란 사람은 사랑을 나누는 데 인색하지 않지만 사랑을 받아 보지 못한 사람은 베푸는 데 인색하다. 남을 배려한다는 것은 몸에 배어있지 않으면 쉬운 것은 아니다. 양보, 나눔, 상하 구별, 노소의 서열 모두가 가정교육에서 비롯되는 것이다.

게으름을 생각해 본다. 천재라도 게을러서 놀기만 한다면 천재가 무슨 소용일까. 게으름도 무서운 질병이다. 베짱이처럼 먹을 것이 지천인 여름에 내일을 준비하지 못하고 즐기면서 지내는 낙천적인 사람들, 오늘 할 일을 내일로 미루는 것도 게으름이고 해야 할 일을 포기하는 것도 게으름이다. 날아야 할 새가 날개를 접고 날지 않는다면 도태되고 말 것이다. 한가하다는 것은 일이 없는 자의 몫이며 그것은 고인 물처럼 썩고 만다.

자동차를 가지고 나가면 여유 없는 길에서 겪는 일들이 허다하다. 앞지르기하는 차를 향해 경적을 울린다. 왜 네가 내 앞에 먼저 가느냐는 항의의 표현이다. 그러면 미안하다는 뜻으로 비상등을 두어 번 깜박거려 주면 미안한 마음과 고마움의 표시로 충분하다. 무슨 자존심 세울 일이라고 너무도 당연하다는 듯 아무 반응도 없이 휭 가버리면 양보한 사람이 화가 난다.

차를 운전할 때는 바보가 되고 나 외에는 모두가 정신 이상자라고 생각하라는 말이 맞는 것 같다. 앞지르기한다고 노상에서 다툼하다가 둘이 같이 다치는 일들이 얼마나 많은가. 차를 타면 '양보하자' 를 계속 외치면서 다니지만 남은 없고 오직 나만 있는 사회는 황무한 들판이다.

요즈음 가장 무서운 여자는 큰소리치는 여자라고 들었다. 아래위에 고무줄이 들어있는 꽃무늬 바지를 입고 바글바글이 파마머리를 하고, 앞은 막히고 뒤축이 없는 슬리퍼를 끄는 여자라고 한다. 이런 여자와 다투면 백발백중 무안을 당하거나 막말 앞에 속수무책이라 조심하라는 말을 들었다. 시장통에서 물건을 만지다가 사지 않으면 막가는 데는 당할 사람이 없다고 한다. 웃으려고 한 말 같지는 않다. 이 말을 들은 후에 물건을 살 때 상인의 차림새부터 본다. 망신당할까 봐 겁이 난다. 우리 사회가 왜 이렇게

삭막해졌을까. 남이 잘되면 못 보는 세상이 맞는 것인지 너무 무섭다.

베짱이도 문제지만 허리가 휘도록 일만 하는 것도 고달픈 인생이다. 옆도 돌아보면서 쉬엄쉬엄 주위도 살펴 가면서 내 손을 기다리는 사람은 없는지 둘러볼 일이다. 줄 수 있을 때는 지체하지 말고 나누어야 한다. 곱하기보다 나누기하고 더하기보다는 빼기도 하면서 살면 우리 사회가 얼마나 유순해질까.

겨울에 눈이 내리면 강한 소나무는 욕심스럽게 눈을 그대로 받아서 고스란히 머리에 이고 힘자랑을 한다. 그러다가 그 튼실한 죽지가 부러져 내린다. 가지가 약한 버드나무는 눈이 내리면 몸에 지니지를 못하고 흔들흔들 가지를 흔들어 털어버림으로써 몸을 상하지 않고 잘 견디고 있다. 힘이 세고 강한 것도 좋으나 하늘하늘 약한 것이 무탈하기도 하다. 연한 새순이 나오는 나무에는 열매가 맺히지만 딱딱한 나무에는 열매가 없다. 순화된 말과 이해하는 마음, 편안한 관계에서 항상 밝은 세상이 오는 것이다.

(2011)

무슨 일을 하든지 마음을 다하여 주께 하듯 하고 사람에게 하듯 하지 말라

(골로새서 3:23)

바람 따라 구름 따라

마음이 장단처럼 맞는 친구 내외와 우리 부부는 예정에도 없던 일을 잘 저지른다. 가을 들판이 보고 싶거나 봄나들이를 하고 싶을 때, 겨울바다가 그리울 때 전화 한 통화로 의기투합을 한다. 어디서 머문다는 계획도 없고 예약된 숙소도 없이 정처 없이 떠나는 나그네 유랑길이다. 계절 따라 바람 따라 떠나자는 한마디면 누가 먼저 제안하기가 무섭게 의견일치다. 바람 따라 구름 따라 가다가 정자가 좋으면 쉬기도 하고 해가 져서 운전하기 힘들면 불빛을 등대 삼아 찾아가면 하룻밤 유숙할 수 있는 곳이 준비되어 있다. 가히 현대판 김삿갓이 되는 것이다.

복잡한 세상을 잠시라도 잊어버리고 세월에 구애받지 않으며 길 수도 있고 짧을 수도 있는 자유를 구가하며 숙식에 제한받지 않는 여유 있는 여행길이 편하기도 하고 짐을 내려놓은 듯 가볍다.

진안 마이산을 거쳐 당도한 군산 은파공원에서 노을이 비낄 때까지 걷다가 하루를 보내고 갯내가 풍기는 바닷가 호젓한 곳에서 하룻밤을 묵었다. 갯바람을 맞으니 어촌 사람이 된 것처럼 몸에서 바다 냄새가 나는 것 같다. 어시장을 돌다 보면 한나절이 금방 지나간다. 통영에 닿았을 때는 해가 지고 있었다.

바닷물이 철썩이는 해안을 따라 마음도 몸도 따라 흐른다. 통영은 이름만 들먹여도 반가운 문인들이 살아서 숨 쉬듯이 곳곳에 흔적들이 많아서 길손들을 반긴다. 빛나는 작품과 어록들이 붓끝에서 피어나는 듯 센 머리를 깨운다. 자연에서 태어난 인간이 자연에서 사는 것이 가장 인간적이라는 박경리 선생님의 글 앞에 한참을 머문다. 한산도가 건너다보이고 일몰이 장관인 바닷가, 끝이 없는 산양면 해안 길을 끝까지 걷기도 한다. 걸어 3시간쯤 후에 보니 제자리로 돌아왔다. 섬을 안고 도는 둘레 길이었다.

하동의 아침은 섬진강에서 시작한다. 섬진강의 송림숲을 따라 걸으면 솔향이 몸속 깊숙이 배어 온다. 솔향기는 강물에 실려 서쪽으로 흘러간다. 강변 주막에는 재첩국이 솥에서 김을 올리고 왕소금을 뿌린 은어가 석쇠에서 익어간다. 뽀얗게 우러난 재첩국에 부추를 수북이 넣어서 한 사발 들이키면 강물을 다 마신 듯 후련하다. 섬진강이 아니면 맛볼 수 없는 별미에 여독이 풀린다.

하동은 내 고향 진주에서는 백릿길이다. 하동에서 진주 방향으로 오십 리, 진주에서 하동 방향으로 오십 리 즈음에 곤명이라는 마을이 있다. 행정구역으로는 사천시에 속하는 곳이다. 작은언니가 시집와서 살던 곳이요 언니의 유택도 그곳에 있다. 예까지 왔으니 옛날 언니가 살았던 집을 찾아보고 싶었다. 흔적이라도 집힐까 잊고 지낸 언니가 보고 싶다.

열아홉 살에 시집을 가 이듬해 6.25 전쟁터에서 형부가 전사하고 혼자 외롭게 지내다 일찍 세상을 떠난 언니의 집은 그대로 있는지, 어릴 적 기억을 더듬었다. 어렵게 찾은 언니 집은 음식점 간판이 걸려 있었다. 조금은 변형이 되었지만 넓은 마당 번듯한 기와집은 그대로 있었다.

진주에서 20km 떨어진 곳에 11살짜리가 언니 시집간 곳을 겁 없이 어찌 찾아갔을까. 지금 생각하니 두렵기만 하다. 언니가 보고 싶으면 눈이 붓도록 울었다. 보다 못한 엄마는 하동으로 가는 트럭을 세우고 이 아이를 곤명면사무소 앞에 내려 달라고 부탁하고 삯을 주었다. 트럭 뒤 짐칸에 타고 멀미를 하며 가다가 운전사가 내려 주었다. 언니 집은 면사무소 바로 옆집이라고 했다.

잠긴 대문을 두드리지 못하고 서 있다가 뒤 담장 쪽으로 돌아갔다. 담장 너머로 언니 집 뒤 안이 보였다. 우물이 있었는지 한참을 보고 있으니 앞치마를 두른 언니가 두레박질을 하는 것이 보였다. "언니야" 하고 불렀건만 소리가 나오지 않았다. 크게 불렀다. 언니가 밖으로 나왔을 때 언니 얼굴을 쳐다볼 수가 없었다. 너무 보고 싶으면 볼 수가 없다는 것을 난 그때 알았다.

언니가 안아 주는데 언니 냄새가 났다. 꿈을 꾸는 것 같았다. 내 손에 쥐여 준 것은 깨가 묻은 엿이었다. 다시는 혼자 오지 말라고 당부하면서 손수건을 손에 쥐여 주었다. 시어머니가 무서운지 집에 데리고 가지 않고 밖에서 언니와 둘이서 울다가 올 때처럼 언니는 진주로 들어오는 트럭을 세워서 또 짐칸에 나를 실려 보냈다. 나는 엿을 물고 짐칸에서 잠이 들었다. 운전사 아저씨가 깨워서 일어나 보니 사위가 캄캄했다. 그 밤에 나는 어찌 우리 집을 찾아갔는지 모른다.

어린아이 적에 단 한 번 찾아갔던 언니 집은 대중음식점으로 변해있었다. 요기를 하며 옛 주인에 관해 물어봤으나 아는 이가 없었다. 짧은 세상을 살다가 요절한 언니는 항상 내게 그리움이다.

언니가 떠난 지도 오래고 아무것도 남은 것이 없는 그곳을 왜 나는 찾고 싶었을까. 지금도 사무치게 그리운 언니가 살았던 곳, 사천군 곤명면 송림리, 내 고향에서 20km 떨어진 그곳이 그때는 왜 그렇게도 멀게 느껴졌던지. 언니를 생각하면 지금도 어린아이로 돌아간다. 작은언니는 엄마보다 좋고 오빠보다도 더 좋은, 지금도 잊히지 않는 가슴에 새겨진 그리움이다.

여행은 보는 즐거움도 있지만 느끼는 감정도 풍부해진다. 이번 여행은 보고 싶은 언니를 찾아 떠난 여행처럼 그리움을 안고 돌아온다.

(2010)

나는 선한 싸움을 싸우고 달려 갈 길을 마치고 믿음을 지켰으니
이제 후로는 나를 위하여 의의 면류관이 예비되었으므로…
(디모데후서 4:8)

회복(回復)

며느리가 입원하던 날, 아들의 입술은 까맣게 타들어 가고 눈은 실핏줄이 터져 붉었다. 덩치 크고 실하던 아들이 시든 나무같이 허약해 보였다. 큰 수술이라는 말에 겁먹은 얼굴로 고개 숙인 며느리를 바로 바라볼 수가 없었다. 내가 대신 아플 수 있다면 그편이 나을 것 같았다. 더구나 아들의 고통이 내 아픔임을 느끼는 순간 며느리도 내 자식이라는 회한(悔恨)이 밀려와 가슴으로 울었다.

혹시라도 며느리 마음이 다치기라도 한다면 엄마와 아내 사이에서 부대낄 아들의 고통을 항상 먼저 생각했었다. 며느리 또한 의무와 도리를 벗어나지 않고 집안 대소사를 틈 없이 챙기면서 제 자리를 잘 지켜 주었다. 그렇게 지내오는 동안 보이지 않는 정(情)과 사랑에 고부(姑婦)간의 신뢰는 두텁게 쌓여갔다.

아들이 맞선을 보던 날이 생각난다. 양가 어머니가 동석했다. 두 집안의 내력이나 가문의 족보까지도 훤히 알고 있는 내 친구의 소개였으니 궁금한 것도 없었고 더 알고 싶은 것도 없었다. 종교가 일치하는 데서 오는 편안함이 화제의 실타래가 되어 대화가 잘 이어져 갔다.

사돈 되실 분의 첫인사가 너무 인상적이라 잊히지를 않는다. "오늘 어머님께 잘 보이려고 두 시간 동안 다듬고 왔습니다. 곱게 봐 주십시오." 여태껏 여러 번 맞선을 보아왔지만 처음 들어 보는 인사였다.

진정한 겸손으로부터 하는 말일까. 흠 잡힐 데 없는 딸을 둔 어머니의 당당함일까. 이유야 어떠하던지 선보는 자리에서 자신을 낮추는 어머니는 처음이라 신선하기까지 했다. 하나님이 준비해 둔 배필을 이제 만났다는 생각마저 들었다. 망설였던 결혼을 결정하는 데 사돈의 한마디는 열 마디의 자랑보다 설득력이 있었고 어우러지는 촉매가 되었다. 멀찌감치 뒷자리에서 숨어서 눈여겨 보고 있던 남편도 웃는 모습이 순하고 귀엽다고 했다.

며느리는 참으로 영특한 것이 장점이었다. 이름 뒤에 붙어 나오는 수석 입학, 수석 졸업이라는 수식어는 명석함을 대변해 주었고 이력이 될 만큼 호감이 가는 간판이었다. 똑똑한 딸 하나를 얻는다는 기대에, 가진 것이 있다면 다 주고 싶었다.

그가 가진 자산은 학생들을 가르치는 일과 교육에 대한 끊임없이 이어지는 새로운 아이디어로 보인다. 전공서적을 찾아 번역하여 학생들에게 새로운 학문을 가르치고 또한 전공과목 교재 집필에 몰두한다. 그가 출간한 교재는 각 대학에서 가장 선호하는 교과서가 되고 있는 점을 봐도 그렇다. 문고에서 전공교재로는 베스트셀러가 되었다니 자랑스럽기만 하다. 재직하고 있는 학교에서도 성과급을 내릴 만큼 새로운 학과를 착안하는, 창의력이 돋보이는 교수로 인정받고 있으니 영특한 아이다.

손자들의 교육에도 조금은 남다르다. 학교 수업 외에 그 흔한 과외 수업을 받은 적이 없다는 것은 드문 교육 방법이다. 다만 수학은 아들이, 영어는 며느리가 집에서 보충을 해 주는 것이 전부이지만 아이들의 성적은 우수하다. 손녀는 중학생들이 가장 선호하는 특목고에 입학했다. 전인 교육을 목표로 하는 학교에서 손녀는 국제 대회에 나가 과학 부문 대상을 수상하여 학교의 위상을 크게 높이기도 했으니 며느리의 교육방법을 전적으로 신뢰하고 싶다.

내 눈에는 버려야 할 물건도 며느리에게는 귀중품이다. 그 손에서는 버려지는 것이 없다. 유행을 좇아가기보다 필요로 하는 것만을 고르고 찾는 편이니 낭비라는 것은 없다. 세상 물정에는 어둡고 둔할지 몰라도 내 수준에 참으로 적합한 며느리다. 넉넉한 집안에서 자랐다는 본질은 어디에 숨었는지 검소하고 알뜰하여 참으로 미더우니 모든 것을 맡기고 싶다.

갑상선의 종양이 임파선으로 전이될 때까지 무심하게 지낸 것은 성격상 미룰 수 없는 학교의 일들 때문이었을 수도 있고 손자들 교육에 대한 남다른 열정 때문인 것 같기도 하다. 소홀히 할 수 없는 집안일들, 거기에 더하여 만만찮은 며느리라는 짐까지 감당하느라 소중한 몸을 돌아볼 기회를 놓친 것 아닌지 생각할수록 마음이 아프다.

언제 보아도 건강 체질이 아닌 약한 아이라 안쓰럽고 늘 조마조마했다. 마음이 놓이지 않았지만 스스로 꾸준한 운동으로 몸을 단련시키고 식생활로 건강을 조절하는 모습을 보며 안심했었다. 그러나 부모가 자식에게 줄 수 있는 조건 없는 내리사랑을 주지 못했나. 후회가 밀려온다.

고통의 긴 시간이 지나고 무균실에서 세 번째 치료를 견디어 내었다. 그 힘든 요오드 요법도 이제 끝이 났다. 주치의가 완전한 회복을 선언했을 때 내 안에 박혀 있던 두려움의 씨앗도 날아가 버렸다. 내 마음도 회복되었다.

목에 둘러선 수술자국을 볼 때마다 눈에 거슬려서 상처를 감춰 주고 싶었다. 소중해서 오래도록 지니고 있던 보석 반지를 풀어 목걸이를 만들었다. "제가 꼭 해 주고 싶었는데 어머니가 하셨네요." 아들의 말이다.

차갑던 겨울이 풀리고 봄 들판에 새 움이 돋아나듯이 고통을 이겨내고 회복한 며느리의 환한 얼굴이 해처럼 밝으니 온 집안이 봄날이다.

(2013)

누가 현숙한 여인을 찾아 얻겠느냐
그의 값은 진주보다 더하니라
(잠언 31:10)

바람이 쉬어 가는 집

약속이 없어도 가끔 생각 속에 찾아오는 이가 있고 자주 만나지 않았는데도 잊히지 않는 분이 있다. 2년 전 반포동 집을 떠나 경기도 양주의 예봉산 자락으로 거처를 옮긴 선배가 바로 그런 분이다.

자녀들은 주말마다 찾아뵙고 문안을 드린다는데 벼르고 벼르다가 뜻이 맞는 고향 문우끼리 의기투합하여 선배를 뵈러 나섰다. 몇 해 전에 마련해 두었다던 안식처는 물과 숲, 산과 계곡이 아름답다고 들었는데 야트막한 초막일까, 대궐일까. 백합화 한 다발을 사서 드니 그리움이 앞장을 선다.

들꽃이 피고 지는 것을 카메라에 담아내던 솜씨도 그립고, 풀꽃 한 잎에도 애틋한 정을 쏟던 그 여리던 마음씨, 꽃을 가꾸고 새를 키우며 어디를 가든 묵직한 카메라를 메고 다니셨던 휴머니스트. 평생에 꽃이 친구였고 새들을 귀애하여 자녀를 돌보듯 하였다.

산이 부르는 듯 지리산 종주를 한 해에 두 번씩 하면서도 하루도 쉬는 날 없이 등산은 생활이고 일과였다.

젊은이를 교육하는 일에 평생을 바친 것이 자부심이고 바로 그의 자존심이기도 했다. 진취적인 사고력과 폭이 크고 넓은 학문이 교원대학을 세우는 일에 앞장을 서게 하였고 탁월한 행정가로서 교육행정에 빛나는 유산을 남긴 분으로 일컬어진다.

노을 시인으로 알려진 문단의 여류인 부인이 사임당으로 추대되던 날, 남편인 그의 인품이 유난히 돋보였다. 인사말 속에 담긴 겸손한 언어는 아내에 대한 존경과 푸근한 정, 그리고 애틋함이 배어있어 청중들을 감동케 하던 기억이 새롭다.

선배가 운영하는 카페(교육행정연구실)는 하루도 쉬는 날이 없었고 아침인사에는 언제나 꽃향기가 가득했다. 겨울이 떠나는 소식도 봄이 오는 소리도 카페에서 먼저 알려왔다. 눈 속을 헤집고 힘차게 발돋움하는 복수초의 노래로 조춘(早春)을 알려주었고, 등산을 하다가 만난 노루귀, 매발톱꽃, 초롱꽃, 참나리를 비롯한 산국들과 풀꽃, 들꽃들을 보며 사계절을 만날 수 있었다.

앞뜰과 뒤뜰에 심은 관상수에는 새들이 찾아 들었다. 가꾸고 기르는 것이 일상이어서 박새와 비둘기들과 대화하며 모이를 주던 그는 훈훈한 자연인이었다. 담장에 늘어진 인동초와 장미 향기는 지나는 이웃들의 반가운 웃음이었으며 가는 곳마다 필요한 만큼의 작품을 스케치하던 모습은 만년 청년이기도 했다.

그가 아끼고 사랑했던 세상살이 다 접고 지금은 적적하지 않으실까. 지갑 속에 어머니 사진은 지금도 가지고 계실까. 나를 보면 인사 대신 엄지를 치켜세우던 그 모습은 여전하실까.

좁은 길을 돌고 돌아 문전에 들어서니 내 키보다 높은 돌에 새겨진 시 한 편이 우리를 반긴다. 선배님의 대표작 〈엄마〉다. 언제 읽어도 가슴이 아리다. 시인이고 수필가인 선배가 목이 메어 쓴 시,

〈엄마〉

천릿길을 달려가서
병상에 누운 엄마를 안았다.
"누구요?"
나는 울고 또 울었다.

그는 작가 노트에 '나를 안으며 "나는 너 때문에 산다. 내 새끼" 하시던 엄마가 아들을 몰라보시고 누구냐고 하실 때 하늘이 무너져 내렸다' 고 했다. 엄마가 보고 싶어도 사진 한 장이 없어서 돌아가신 후에 주민등록증 사진을 지갑 속에 넣고 다니는 효자 아들이었다.

양지바른 남향으로 자리 잡은 명당은 우각사(牛角莎)로 울을 쳐

서 병풍처럼 아늑하고 반듯하다. 양옆으로 조각하여 세운 돌 비석이 수문장처럼 선배의 안식처를 지키고 서 있다. 넓은 언덕에 잘 가꾸어 놓은 초록의 잔디는 이불자락처럼 포근하다. 울창한 예봉산이 바람막이가 되어 주어 눈이 내리는 겨울에도 따뜻할 것만 같다. 전나무 향기에 취한 능소화의 환한 웃음이 선배의 웃음 같아 보인다. 우람한 노송의 그늘과 들풀들의 속삭임, 풀벌레의 노래가 잇대어 들려온다. 자연을 좋아하던 이가 누리기에 넉넉하고 풍성하다.

하늘에 떠가는 구름이 벗이고 바람이 이웃인지 우리들의 머리 위에 구름이 머무르며 그늘을 드리운다. 선배가 태어나서 자라던 지리산 천왕봉 아래 산청군 삼장면의 집과 환경이 비슷해 보인다.

후박나무에 매달아 놓은 비둘기 집에는 직박구리와 박새가 부화를 하고 자리를 잡고 있다. 주인을 따라 여기까지 왔나 보다. 심지 않아도 저 혼자 피고 지는 들꽃들이 여기저기 지천으로 피어 있다. 골짜기를 타고 흐르는 맑은 물은 가뭄에도 마르지 않으니 이만하면 명당이라 하여도 좋을 듯하다. 선배가 그토록 찾던 산이요 들꽃들이 어울려 쉬시기에 참 적당하다. 아들이 문안 오는 날마다 심었다는 갖가지 유실수에도 열매가 달려있고 텃밭까지 가꾸어 놓았으니 이 골 안에서는 선배가 가장 넉넉한 부잣집 주인이지 싶다. 유택 앞에 나란히 섰다. 잔을 올리던 친구인 문우회 회장님의 눈이 젖는다. “함 선생 반가워” 하며 또 엄지를 치켜

세우는 것 같다. 융단처럼 고운 푸른 옷소매에 백합화를 안겨 드리며 대답 없는 안부를 올린다. '어머니와 같이 지내시나요? 머잖아서 저도 가고 우리 모두 다 가요. 그때 만나요. 좋아하는 모시떡도 사 왔는데 잡수어보세요.'

부인인 허 시인의 〈노을에게〉 시 한 구절이 떠오른다. 마치 이런 날을 예견이라도 한 듯 울림을 준다.

> 우리 어떻게 이별할 수 있을까.
>
> 사랑아,
>
> 우리 기꺼이 이별 연습을 하자.

꽃을 안은 유택을 중심으로 우리는 양편으로 서서 사진을 찍었다. 살랑한 바람 한 줌이 우리 곁에 머문다. 우리를 반기는 선배의 손짓인가 보다.

(그린에세이. 2017. 9~10호)

하나님께서 지으신 집 곧 손으로 지은 것이 아니요
하늘에 있는 영원한 집이 우리에게 있는 줄 아느니라
(고린도후서 5:1)

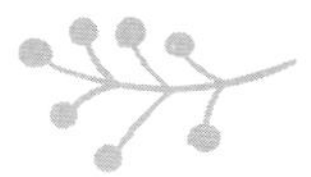

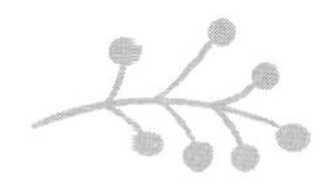

4. 이박삼일의 자유

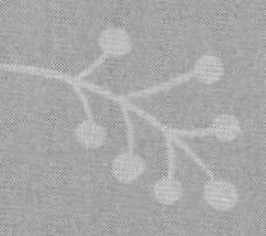

이박삼일(二泊三日)의 자유

반복되는 일상이 때로는 참 지루하다. 변화를 갖고 싶어 가구를 옮겨 보기도 하고 까탈도 부려 보았지만 소리 없는 통제를 받는다는 생각마저 들어서 구실을 만들어 바람난 사람처럼 서둘러 집을 나섰다.

정한 곳도 없이 떠나 잠을 잔 곳은 자주 갔던 백암이었다. 청춘도 아니면서 새벽부터 부산을 떠는 조급증은 밖이라고 예외는 아니다. 동해안 길을 따라가다가 해지면 자고 날 새면 사람 사는 구경하면서 발길 닿는 대로 떠돌다가 가야지, 집과 식구들은 아주 멀리 잊어버리자. 간섭받지 않고 눈치 볼 일도 없으며 훼방 받을 일도 없다. 새처럼 훨훨 날아 혼자만의 자유를 마음껏 누리다가 돌아가리라.

죽변항에 닿으니 동해의 푸른 물결 빛나는 아침, 찬란한 붉은 태양 새날이 밝아온다. 송림숲을 따라 걷기도 하고 뛰기도 하다가 식당에 들어갔다. 잘게 채를 썬 채소와 초고추장에 물회를 버무린 조반은 바닷가에서만 즐길 수 있는 아침밥이다. 3월로 접어든 날씨는 쌀쌀한 바람에도 봄이 묻어나 상쾌하다. 조석(朝夕) 걱정하지 않으니 이만하면 해방이다.

이 길을 따라가면 원산, 함흥, 청진까지 이어질 내 나라 우리 땅인데 경계의 삼팔선 벽은 언제면 무너질까. 좁은 땅이 갑자기 더 작아 보인다. 사람은 갈 수 없어도 푸른 바닷물은 서로 부딪히며 어우러질 것이고 바다의 물고기와 공중의 새들도 남과 북이 만나 인사를 주고받을 것이다. 하늘의 구름도 서로 손 붙들고 안부를 물으며 지나가겠지. 이념이나 사상이 없는 자연이 이루어낸 자유가 부럽다.

묵호항에 들어섰다. 해풍에 꾸덕꾸덕 알맞게 말린 오징어와 가자미, 젖은 것과 마른 것들. 없는 것이 없는 묵호항의 어물전이다. 이글거리는 연탄 화덕 석쇠 위에 왕새우와 오징어가 설설 구워지고 있다. 냄새만으로도 구미가 당긴다. 바닷물에 절로 절여진 짭조름한 냄새, 알맞게 구워진 오징어와 대하를 손으로 그냥 뜯었다. 재미도 있고 맛도 일품이다. 양념도 필요 없고 배어 있는 간이 입맛이다. 내게 관심 두는 이도 없고 아는 이가 없으니 세상 편하다. 본능으로 행동해도 치사(恥事)하지도 않다. 값을 묻지 않아도 먹은 후에 계산하면 될 것 같다. 일탈이 안겨준 멋진 자유다.

내 나이 또래로 보이는 노점 주인이 "술은 뭐로 할까. 막걸리? 소주?" 오래 사귄 친구처럼 반말이다. 고개를 저었더니 술 없이 무슨 재미로 사는지 세상 헛산다고 나무란다. 술 한 잔에 마음 열리고 안주 한 점에 정이 오고 가는데 재미없는 여자라며 눈을 흘긴다. 위선도 가식도 없는 말투에 오래 사귄 친구처럼 궁합이 맞는 것 같다. 바닷바람에 거칠어진 얼굴에는 풍상을 겪은 연륜이 쌓여있다. 두렷한 이목구비와 복스러운 웃음, 심성도 좋아 보인다. 예쁘다는 내 말에 볼이 붉어지는 걸 보니 막일을 하고 살지만 그도 여자다. 전대를 겸한 앞치마에 큼직하게 달린 호주머니가 지폐로 불룩했으면 좋겠다.

한 잔 팔고 한 잔 먹는다는 여자한테 소주 한 병을 사서 잔을 채워 따라 주었다. 술을 사서 나를 주는 손님도 다 있고 오늘은 재수 좋은 날이라며 내 등을 툭 치며 친구 하잔다. 술 배워서 다시 오겠다고 했더니 관상을 보듯이 아래위를 한참을 훑어보며 술 배우기는 틀렸다며 입으로 주먹질이다.

작은 포장마차 하나가 삶의 터전인 그를 보며 이러고 다니는 내 모습이 사치 같아서 가책을 느낀다. 구운 오징어를 봉지에 담아 주는 손을 잡으니 더덕처럼 거칠다. 좋은 바람 불면 다시 오겠다고 인사하고 돌아서는데 "술 배워서 와" 하며 소리친다.

유구한 역사와 함께 전통문화와 신식문화가 공존하는 강릉의 밤은 아름답다. 개성이 넘치는 카페와 모던한 커피의 거리, 안목 해변은 무리 지은 젊은이들 세상이다. 이방인처럼 나만 혼자인 것이 쓸쓸하고 외롭다. 갑자기 식구들 생각이 난다.

펜션에서 밤바다를 내려다본다. 토하듯 밀려오던 파도의 외침도 조용해졌다. 갈매기의 노래도 그치고 바람도 잠들었다. 깊어서인지 넓어서인지 자연의 질서는 정적(靜寂)으로 가득하다. 순리가 자연의 법인 것처럼 참 평온하다. 미움도 없고 분쟁도 없는 유연하게 흘러가는 자연처럼 순하게 살고 싶다.

속초의 아침은 밤사이 들어온 풍어로 파시를 이룬다. 바다가 업이고 파도가 친구인 어부들의 눈은 핏발이 선 것처럼 붉다. 사람도 살아있고 생선도 살아있다. 상기된 사람들의 얼굴에서 밤을 새운 피로는 보이지 않는다. 싱싱한 생선을 보니 집 생각이 난다. 남편이 좋아하는 생선을 스티로폼 상자에 골라서 담고 얼음주머니를 얹으니 혼자 들기에는 버거운 무게다. 이만큼이면 당분간 찬 걱정은 하지 않겠다는 본능적인 욕심은 밥 짓는 필부(匹婦)의 자리로 돌아와 있다.

어릴 적에 보았던 손오공 만화가 생각난다. 막대기 하나를 들고 하늘을 휘젓고 날아다닌 손오공도 결국 삼장법사의 손에서 벗어나지 못했다. 몸 따로 마음 따로였는지 허울은 자유로웠지만 마음은 잠시도 집과 가족들을 벗어나지 못했던 이박삼일이었다. 법을 지키고 사는 것이 자유이듯이 가정이라는 울타리가 법인가 보다.

현관에 들어서면 내 신발들이 가지런히 놓여 있고 훈기가 도는 집, 어디에 간들 내 집만 할까. 쉴 만한 물가요 푸른 초장인 나의 집으로 돌아간다.

(에세이21. 2017. 봄호)

내가 새벽 날개를 치며 바다 끝에 가서 거주할지라도
거기서도 주의 손이 나를 인도하시며
(시편 139:9)

여자의 길

'이촌동 할머니 집에서는 일만 하던 엄마가 일산 할머니 집에 오더니 잠만 잔다.' 외손녀가 설날에 쓴 일기 가운데 한 부분이다. 아이의 일기대로 딸은 "엄마, 우리 집에 오니 좋다" 한마디 하고는 시집가기 전에 쓰던 빈방에 들어가 깊은 잠에 빠진다. 시집을 보낸 지 10년이 지나 저희들 집이 있건만 친정을 우리 집이라는 딸은 아직도 내 품을 파고드는 어린아이 같다.

시댁에서 설 준비를 한다고 보낸 이틀은 억겁과 같은 시간이었을 것이다. 지금도 성냥불을 켜지 못하고 부엌칼 잡는 것을 겁먹는 여린 손으로 무슨 대단한 일을 하였을까마는, 집안일 하는 것을 본 적이 없는 어린 손녀의 눈에는 엄마가 큰일을 하는 것으로 보였나 보다. 기껏해야 마늘이나 까고 파나 다듬었을 것이 뻔하다. 며느리는 앉아서 대우받는 자리가 아니라 일하는 위치임을 알면서도 주방에서 빌빌 겉돌기가 멋쩍었을 것이다.

시댁 어른들도 집안일 못하는 며느리임을 아시는 터라 기대를 접은 듯하다. 시집에서 수박을 자르라는 말에 태어나서 처음으로 부엌칼을 들었지만 부들부들 떨며 서 있었다고 한다. 그걸 보신 시댁 어른들이 얼마나 황당하셨기에 제발 주방에는 얼씬도 하지 말라고 하셨을까. 하해 같은 마음으로 아량을 베푸셔서 적잖은 사랑으로 덮어 주셨겠지만 제 딴에는 그것도 시집이라고 힘들었던가 보다.

어릴 때 내가 자주 들었던 말은 여자는 버드나무 팔자(八字)라서 어디에 심어도 잘 산다고 했다. 팔자는 거역할 수 없는 타고나는 것이라고 들어왔다. 시집이라는 굴레에 씌워진 내 인생도 시댁이라는 울타리 안에 심어진 버드나무였다. 요동칠 수 없는 틀에 갇혀서 남편이 끄는 대로 고삐 잡힌 망아지처럼 사는 것이 내게 주어진 팔자라고 여겼다. 남편의 직장이 옮겨지면서 승진이 보장된 내 직장을 버려도 아까운 줄 모르고 따라가는 것이 여자의 덕목이라고 생각했다. 어른들을 모시고 남편의 그늘에서 아이들 키우며 살아가는 것이 여자의 길이고 며느리와 아내가 가야 하는 최상의 길이라고 믿었다.

내가 아무리 높이 오르고 싶어도 배 위에 높이 매달린 돛대에 불과했다. 사공이 노를 젓지 않으면 잠시 가다가 멈출 수밖에 없는 것이 내 인생이며 사공이 가자는 대로 파도를 넘으며 순항도 하면서 팔자의 바다를 건너리라 생각했다. 집안의 온갖 짐을 짊어진 위대한 사명자처럼 가난도 내 차지고 어른들의 병수발도 내 몫이었던 끝이 보이지 않는 길을 지나오면서, 이 길이 며느리의 미덕이요 아내의 후덕이라고 생각했다. 되풀이되는 집안일은 보이는 흔적도 없고 훈수 들어주는 이도 없었으며 회피할 수도 없는 당연한 내 일이었다. 늦은 시간까지 마음 졸이며 남편을 기다리면서도 억울한 줄 모르고 살아왔다.

딸이 자라면서 집안일을 시키거나 가르치지 않았다. 살림솜씨 살뜰하면 젖은 손이 마를 날이 없고 식구들 수발들다 보면 내 인생은 집행당하는 것이다. 마음고생 몸 고생 하다가 형체도 없이 잦아져 버리는 여자로 만들지 않으리라 다짐했다. 넓고 푸른 세상으로 훨훨 날려 보내는 그런 엄마가 되고 싶었다.

팔자는 타고난 것이 아니고 만들어 가는 것이다. 너만은 그런 올무와 사슬에 매이지 말고 깃발을 들고 선두에 서서 당당하고 민첩하게 탁월한 여자로 인정받으며 살아야 한다고 딸에게 구령(口令)처럼 외쳤다. 내가 살아 보지 못한 인생을 대신해 주기를 기다리며 내가 가지 못한 길을 가야 한다고 타일렀다. 딸은 내가 만든 인생에 대한 처방에 잘 따라 주었다.

지금도 가을이면 메주를 쑤어서 음력 정월이 가기 전에 장을 담그고, 봄이 되면 볕이 좋은 날을 받아 고추장을 버무린다. 단지에 담아 아이들 집으로 나르는 것이 습관이 되었다. 가을 김장에 필요한 젓갈까지도 멸치가 알을 품는 4월 전에 담가야 직성이 풀리는, 못되게 길이 든 나의 버릇은 고칠 수도 없다. 이런 나를 딸이 닮지 않아서 참으로 다행이다. 수십 년 동안 되풀이해 오면서 몸에 밴 습관이지만 부질없는 짓인 줄 알면서도 버리지를 못한다. 되돌아보면 참으로 어리석게 그 많은 세월을 낭비하였다는 생각이 든다. 여자의 손끝에서 인심 나고 장맛이 달아야 집안이 흥한다는 어른들의 한마디가 내게는 법처럼 들렸었다. 어머니가 정해 놓은 원칙을 생활의 기준으로 삼고 살아온 것이 내가 누려온 최상의 복이라고 하여도, 딸에게만은 물려주고 싶지 않았다.

딸은 자신이 선택한 일에 최선을 다하며 집안일에는 열등생이지만 젊은이들을 가르치는 영향력 있는 교육자로 살아간다. 간장을 어떻게 만드는지 김치는 무엇을 넣고 담그는지 알려고도 하지 않는 딸의 생활이 너무나 멋지다. 아직도 집안일에 묻혀 사는 나와는 다른 세상에서 보람된 일에 바쁘다. 요즈음은 학생들이 교수를 평가한다. 그 많은 교수들 가운데 딸은 학생들이 선정한 최우수 강의 평가 상을 해마다 받는 실력 있는 교수다. 해마다 서너 차례 연주회를 하기 위해 잠잘 시간도 아끼며 연습을 한다. 무대에서 연주하는 딸을 흠모하는 마음으로 바라보면서 내 인생을 되찾아서 보상해 준 것처럼 고맙고 더없이 행복하다.

나의 존재를 잊어버리고 걸어온 멀고도 아득한 길을 돌아본다. 지나온 길은 거칠고 험하기도 하다. 길 끝에 서면 모두가 아름답다던 시인의 말처럼 이제 끝이 보이는 길목에 서서 지나온 그 세월이 아름다웠노라고 말하고 싶다.

(한국수필. 2012. 11월호)

그의 남편은 칭찬하기를 덕행 있는 여자가 많으나
그대는 모든 여자보다 뛰어나다 하느니라
(잠언 31:28-29)

어머님의 자리(서간수필: 소인(消印) 없는 편지)

어머님이 우리 곁을 떠나신 지 많은 날이 지나갔어도 지훈이한테 유다른 일이 있을 때마다 어머님 생각이 납니다. 마음 두기에 따라 하늘나라는 멀기도 하고 가깝기도 하답니다. 내일은 훈이가 장로장립(長老將立)을 받는 날입니다. 은하수 넘고 달나라 지나 구름 가르며 오셔서 어머님의 자리를 채워 주실 수는 없을까요. 어머님이 하객들의 축하 인사도 받으시고, 예복을 입고 하나님과 교인들 앞에서 헌신을 다짐하는 손자의 모습을 보셔야 하는데, 어머님이 계시지 않으니 허핍(虛乏)한 사람처럼 기운이 나질 않습니다. 좋은 일을 앞두고 허전한 저의 마음을 전해드리고 싶어 글을 올립니다.

지훈이는 바르게 잘 자라서 세상의 명성보다 교회의 장로가 되라던 어머님의 소원대로 장로의 자리에 섭니다. 교회의 큰 잔치요 집안의 경사라고 모두들 축하를 합니다. 40대 젊은 나이에 장로로 선택을 받았지만 세상이 주는 벼슬도 명예도 아닙니다. 그러나 기쁜 것은 그 많은 교인들에게 인정을 받았다는 것입니다. 언제나 베푸는 데는 앞서고 받는 일에는 뒤에서라고 가르쳐 왔습니다. 타고난 품성이 어질어서 자신의 이익보다는 남의 손해를 먼저 생각하고 상처받은 자를 품어주며 남의 허물은 덮어주는 따뜻함이 교인들의 마음에 들었나 봅니다. 석학들이 대부분인 대학교회에서 과분한 찬성표를 얻었습니다. 어머님이 가슴으로 키웠던 손자가 어엿한 믿음의 장부(丈夫)로 잘 자랐다는 칭찬도 어머니께 듣고 싶습니다.

고달프게 살아오신 어머님의 아픈 세월을 며느리인 저에게 읊으시듯 들려주시던 기억이 납니다. 스물여섯에 홀로되시어 아범이 여섯 살, 아이들 삼촌이 네 살, 청상(靑孀)의 어머님에게 남겨진 것은 두 아들뿐이었습니다. 외로움을 느끼는 것도 사치였고 남의 눈치 보며 사는 것도 허식이며 허례였습니다. 양팔에 매달린 아들과 넘어야 할 고개는 태산이었습니다. 휘도록 가난해도 비겁하게 살지 않았던 것은, 넘어지다가도 지지대 같은 두 아들이 있어 버틸 수 있었기 때문이라고 하셨습니다. 아이들과 배고프지 않으려고 궂은일 좋은 일을 가리지 않았고 살기가 다급하여 아이들을 어르면서 키우거나 좋은 옷을 입힐 수도 없었지만 홀어머니 손에서도 반듯하게 자랐다는 말은 듣고 싶었다고 하셨습니다.

저는 별미로 죽이 먹고 싶어도 죽을 싫어하는 아범 때문에 못 해 먹습니다. 저더러 세상에서 가장 맛없는 죽이 뭐냐고 묻기에 죽은 다 맛있다고 하였더니 보리죽 먹어봤느냐는 아범의 물음에 대답을 못 했습니다. 배가 고플 때는 숭늉 한 사발이 요기가 된다던 어머님 말씀이 지금도 생각납니다.

마흔여덟에 손자인 지훈이를 안았을 때 어머님께는 새로운 세상이 도래(到來)하였습니다. 저는 엄마이지만 아이가 자란 후에도 데리고 자본 적이 없었습니다. 아이는 내 곁에서 잠들었다가도 깨면 베개를 안고 할머니 방으로 갔습니다. 제가 직장 일로 아이를 양육하지 못하는 처지이기도 하였지만 두 아들을 키우면서 다 하지 못한 모정을 보상이라도 하시려는 듯이 여한 없이 손자에게 지극정성이셨습니다. 빈 젖으로 아이를 잠재우고 가슴으로 품고 키웠습니다. 아이가 예민해 우유 꼭지를 싫어하여서 부득이 모유만 먹여야 했습니다. 하루에 두어 차례 아이를 업고 제가 근무하는 사무실로 달려오셨던 어머님이 동료들의 눈을 피해 숙직실에서 젖을 먹이고 나면 아이를 업고 도망치듯 달려가시던 모습이 눈앞에 어른거립니다.

교회를 싫어하던 어머님이 개종을 하신 것은 손자 때문이었습니다. 여섯 살배기가 혼자 찻길을 건너 교회 가는 것이 마음이 놓이지 않아서 따라나서신 것이 교회와의 인연이 되었습니다. 예배당에 출석하시면서 새벽은 어머니의 기도시간이 되었고 그 기도의 응답은 축복이 되어 우리 집을 믿음의 가정으로 일으켜 세우셨습니다.

어머님이 남기고 가신 유품인 성경은 지훈이가 소중히 아끼는 가보(家寶)입니다. 지금은 편리하게 번역된 성경이 많지만 어머님의 손때가 묻은 낡은 성경책에 갈피마다 그어진 붉은 밑줄은 아이의 신앙을 일깨워 주었습니다. 구절구절 읽을 때마다 할머니 가슴 더듬으며 성경요절을 암송하던 기억이 살아나고 할머니의 팔베개 베고 누워 기도소리에 잠들던 아이는 지금도 그때의 꿈을 꿉니다. 가죽으로 장정한 말씀의 책은 모서리마다 낡고 닳아서 새 가죽옷으로 갈아입혔습니다. 지훈이가 장로가 되기까지 흔들리지 않고 지켜온 믿음의 지팡이는 어머님이 물려주신 성경책입니다. 작은 것을 얻든 큰 것을 얻든 감사하는 마음, 연한 감성도 어머님을 닮았습니다. 우리 가정의 복의 근원인 지훈이의 맑은 영성은 어머님이 갈고 다듬어서 빚어내신 빛나는 작품입니다.

어머님, 제가 앉을 바로 옆자리가 어머님 자리입니다. 거기 꽃다발을 놓아두겠습니다. 새벽이슬처럼 조용하시고 평생에 분(粉) 바르신 적 없어도 고우신 어머님, 앞가르마에 은비녀 꽂으신 모습 그대로 오시어 꽃다발이 놓인 자리에 앉으십시오. 그러나 어머님이 오신 기척을 느낄 수 없고 흔적조차 보이지 않는다 해도 저는 멀리서도 가늠이 되던 어머님의 잔기침소리를 마음으로 들을 수 있을 것입니다. 낮은 바람이라도 스치면 어머님의 물빛 치맛자락으로 알아차리겠습니다. 등에 바람 얹으시고 날으듯이 오십시오. 어머님 기다리고 있겠습니다.

(에세이21. 2012. 여름호)

이 믿음은 너 외조모 로이스와 너 어머니 유니게 속에 있더니
네 속에도 있는 줄을 확신하노라
(디모데후서 1:5)

샬롬의 집 천사들

가진 것도 없고 누릴 것도 없는데 샬롬의 집 사람들은 항상 밝게 웃는다. 문전에 들어서면 달려 나와 손을 잡고 서로 자기 곁에 앉으라고 끌어당긴다. 이들을 돌보는 원장도 휠체어에 의지하고 사는 장애인이다. 쉰 살의 총각이지만 삼십여 명이 같이 사는 시설의 아버지다. 그의 웃음은 어린아이처럼 항상 맑고 신선하다. 단 한 번도 어두운 얼굴을 보이거나 근심스러운 모습을 본 적이 없다. 이 식구들을 어떻게 먹여 살리느냐고 걱정하면 오히려 까마귀가 먹이를 물어 날라서 엘리야를 먹이시던 하나님이 누구를 통해서라도 먹을 것을 주신다며 밝게 웃는다. 겨울은 다가오는데 추위를 어떻게 견디느냐고 걱정하던 내가 부끄럽다.

부엌일을 하고 있는 젊은이도, 몇 푼 벌겠다고 어눌한 몸으로 구슬을 꿰고 있는 청년도, 양지에서 햇살을 받으며 졸고 있는 노인도, 성한 사람은 한 분도 없다. 크지도 않은 컨테이너 두 개에 남자들 따로 여자들 따로 불편한 기색 하나 없이 오누이처럼 의지하며 살아간다. 지능이 모자라는 이유로 가족들에게 버림받았건만 태어날 때부터 한 식구이던 것처럼 형아야 아우야 하며 뒹굴고 얼싸안고 재미나게 산다.

내가 손 내밀기 전에 내 손 먼저 잡아 주고 떠날 때까지 손을 놓지 못하는, 정이 그리운 사람들. 입에서는 찬송이 떠나지 않는가 하면 벽에는 닥지닥지 성경구절이 붙어있다. 들며 날며 외우는 것이 의무요 더없는 낙이란다. 이들에게 부요한 것은 오로지 믿음뿐이다. 뿌리가 튼튼하다고 자부해 오는 내 신앙도 믿음과 불신을 양손에 쥐고 이리저리 기울어지고 넘어지는데, 절대자 앞에 순복하는 그들 앞에 서면 빛나는 명설교를 듣는 것처럼 허약한 나를 바로 세워준다. 이들에게는 '누가, 언제, 어디서, 무엇을, 어떻게, 왜' 라는 육하(六何)의 원칙은 없지만 사랑이라는 원칙 하나가 아름다운 사람을 만들어 놓았다.

시설을 찾을 때마다 철부지처럼 순수한 이들에게 베푼다는 명목으로 내어주는 것은 내가 쓰고 남은 부스러기 같은 작은 것이건만 그저 고마워한다. 참 미안하다. 준 것보다 더 값진 청결한 마음과 모든 것이 아름답게만 보이는 그들의 맑은 마음만 가득 얻어서 돌아온다. 추하고 외식적이고 회칠한 무덤 같은 가증스러운 내 모습이 그들에게 드러날까 두렵다.

마음 깊은 곳에서 그들처럼 정직해 보라는 외침이 양심을 때릴 때, 가책으로 가슴에 멍이 들 때가 한두 번이던가. 지금까지 내가 해 온 것은 겉치레의 봉사였고, 남의 눈을 의식하며 베푼 작은 인정(人情)이 얼마나 가소로운 일이며 나누어 주면서 살겠다는 허울만 앞세우고 잎만 무성하여 열매 없는 내 모습이 생각할수록 가면을 쓴 가짜처럼 느껴진다. 왜 우리는 손해 보면 안 되고 져주면 안 되는 것일까. 입으로는 낮엔 해처럼 밤엔 달처럼 그렇게 살 순 없을까. 욕심도 없이 어두운 세상 비추어 온전히 남을 위해 살듯이 살자고 노래하면서 입으로는 사랑을 말하지만, 작은 나눔에 칭찬만 챙겼던 어리석음이 나를 슬프게 한다.

값비싼 향유가 아니어도 작은 내 옥합을 열기에 주저했고 한 발은 이기심에 묶어두고 한 발을 양심에 끌려가면서 어찌할 수 없는, 구제받지 못하는 요원한 이중성의 두 얼굴인 내 모습을 정결한 샬롬의 집 식구들은 모른다.

오늘도 맑은 시내 같은 샬롬의 식구들을 뒤로한 채 거칠고 때묻고 추한 모습 버리지 못하고 궁궐 같은 내 집으로 돌아온다.

(2011)

영혼 없는 몸이 죽은 것같이
행함이 없는 믿음은 죽은 것이니라
(야고보서 2:26)

남의 눈에 티만 보이고

'내가 하면 로맨스, 남이 하면 불륜' 이란 말이 이렇게 적중하다니 세상에 떠도는 말이 헛말이 아니구나 싶다. 남의 눈에 티는 보면서 내 눈에 들보는 깨닫지 못하는 어리석은 못난 자신을 돌아보며 뒤늦은 후회를 한다. 그러면서도 내면에 도사리고 있는 꺾을 수 없는 자존심은 고개 숙일 줄을 모르니 부끄럽지만 고질적인 흠이다.

얕은 우물처럼 쓸모없는 모습은 감추고 깊은 우물도 아니면서 속이 깊은 척 살아온 것이 내 모습이다. 깊은 샘은 맑고 시원하여 식수가 되지만 얕은 물은 덤덤하여 허드레로 쓰인다. 사람의 마음도 깊이에 따라 청량하고 시원한 맑은 마음과 이롭지 못한 덤덤한 마음으로 구분 지어본다.

여덟 명의 친구 중에 다섯 명이 쌍꺼풀 수술을 했다. 밉다 곱다 언급하지도 않았고 무관심한 척했다. 그 나이에 생긴 대로 살 일이지 젊어 보이면 얼마나 젊어지며 예뻐질 리도 없는데 돈 많은 것이 탈이라고 볼 때마다 속으로 비웃었으며 속물 취급을 했다. 얄밉다고 눈도 흘겼다.

수술한 이유를 장황하게 설명할 적마다 합리화를 위한 핑계거니 생각하고 못 들은 척 딴짓을 하고 있었다. 눈꺼풀이 처지니 눈이 짓물러서 할 수 없이 했다거나 속눈썹이 눈에 상처를 주어 견딜 수 없었다고 했다. 눈이 안 보여서 눈꺼풀을 올릴 수밖에 다른 도리가 없었다는 말을 할 때도 귀 밖으로 들었다. 그러던 나한테 보복이라도 하려는 듯이 친구들의 핑계로만 들렸던 일들이 내 앞에 사실로 나타났다. 오만하여 곧게 세웠던 목을 들지 못하게 되었다.

해마다 하는 종합검진 결과에서 가장 시급한 치료가 눈이라는 진단이었다. 한쪽 눈(眼)이 실명에 가깝다고 해서 정밀 검사를 받았다. 지금까지 한 눈으로만 보면서 지냈다는 것이다. 안과 의사가 가느다란 철사 같은 것으로 눈꺼풀을 위로 올리면서 보이느냐고 물었다. 안경을 벗었는데도 그냥 보였다. 의사는 눈에 커튼을 치고 지냈으니 눈이 보일 수가 있느냐며, 속히 커튼을 활짝 여는 방법뿐이란다. 눈꺼풀이 눈동자를 덮을 만큼 내려앉았으니 상안검(上眼瞼) 수술을 얼른 하라는 것이다. 그 순간 맨 먼저 눈앞에 떠오르는 것이 눈을 수술한 친구들의 얼굴이었다.

이유 없이 그런 게 맞았구나, 걔들도 그랬었구나. 내가 못나서

잘난 척하고, 득도 해도 없는 일에 눈 흘기며 미워했었다. 저 혼자 피었다가 저 혼자 지는 들꽃은 봐 주든 몰라주든 항상 그 자리에서 그 웃음인데도 얼마나 예쁘냐. 흔한 것이 웃음인데 웃어주면 될 일을 무기 가진 용사처럼 도도하게 살았구나 싶다.

얼굴은 화장으로 포장하고 몸은 옷으로 가리면서 추하고 남루한 마음은 서푼 어치도 안 되는 말로 덮개를 씌워놓고 고상한 척 가면을 쓰고 산 것 같다. 스스로 긁어 부스럼을 만든 흠집은 또 얼마나 많은지 겉은 멀쩡하니 요조하며 유순한 척했을 뿐이다. 쓰레기 같은 속사람을 소각시켜야만 정하게 되지 않을까. 눈을 수술한 친구들이 줄을 서서 나를 노려보는 것 같다.

수술 후 한 주일이 되는 날, 거즈를 걷어내고 거울을 보며 생각했다. 남의 눈에 티는 보면서 내 눈에 들보는 보지 못한 가책이 무겁기만 하다. 깊은 우물에서 길어 올린 맑은 청수같이 해갈을 주는 청량한 사람이 될 수는 없을까. 얕은 우물처럼 차지도 덥지도 않은 미지근한, 오히려 해만 끼치는 사람은 아니었으면 싶다.

언제나 내 기준에 맞추어 단정 짓고 고운 말 한마디 하지 못한 후회를 한다. 드러나게 흉본 적은 없지만 정직한 양심의 소리를 외면할 수 없다. 나이 들면 아는 것이 많아서 이해심도 생기고 넓은 가슴일 줄 알았는데 고집과 아집만 늘었다. 실수라는 경험은 교훈이고 공부라는 말로 스스로 후하게 사면을 한다. 마음이 조금 가볍다.

안질의 문제는 살아온 흔적이고 연륜이 준 훈장이다. 어차피 시력이 나빠 안경의 도수를 높여가면서 그런대로 불편 없이 지냈다. 동자(瞳子)를 덮을 정도로 눈꺼풀이 내려앉아 보이지 않을 줄은 몰랐다. 나이가 들면 주름도 지고 눈도 처지는 것은 누구나 겪는 과정이거니 생각했다. 그러나 상안검 수술은 충격이었다.

잡초를 찾으면 잡초만 보이고 꽃을 찾으면 꽃만 보인다. 칭찬할 거리가 없는 것이 아니라 칭찬할 마음이 없었던 것이다. 닫힌 마음의 빗장을 열고 사랑의 눈으로 바라보면 모두가 사랑스럽다. '내가 하면 로맨스, 남이 하면 불륜' 이라는 흔하게 쓰는 말처럼 '나도 로맨스, 남도 로맨스' 라고 생각하자.

더울 때는 차고 시원하며 추울 때는 김이 모락모락 올라오던 깊은 샘물처럼 유익하고 인정 많은 친구로 살고 싶다. 가벼운 마음으로 친구들을 만나러 나선다.

(2013)

어찌하여 형제의 눈 속에 있는 티는 보고

네 눈 속에 들보는 깨닫지 못하느냐

(마태복음 7:3)

위로의 말 한마디

광화문에 가면 높은 빌딩에 걸려 있는 멋진 글판이 바람에 흔들리며 행인들의 발을 멈추게 한다. 이 길을 지나칠 때마다 차를 세우고 글귀를 옮겨 적는 것이 습관이 되었다. 각박한 현실이 결코 절망적인 것만은 아니라는 사실을 깨닫게 하는 한 줄 시어(詩語)는 시원한 바람이고 찬란한 햇빛이며 따스한 봄날이다. 계절 따라 글귀도 바뀐다.

남편의 직장이 광화문에 있을 때 대각선으로 바라보이는 건물에 새로운 글이 걸릴 때마다 적어 달라는 부탁을 자주 했었다. 마음을 움직이는 한마디는 목마른 자에게 생수요 길을 잃은 자에게 이정표다. 어찌 나만 그렇겠는가. 이 거리를 지나가는 이들에게 희망의 메시지로 지금도 넉넉한 위로가 되고 있다.

때로는 한 소절의 시(詩)일 때도 있고 현인(賢人)들의 어록일 때도 있다. 고달픈 세상살이에 지쳐 넘어지려는 이들에게 아름다운 세상을 기다리게도 하고 탄식하며 주저앉고 싶은 자에게 짚고 일어설 지팡이가 되기도 할 것이라는 생각이 든다. 광화문 넓은 광장에 얼마만큼의 향기 나는 나무를 심어야 이보다 더 향기로울까?

글판의 글이 바뀔 때마다 적어 두었던 글들을 심심할 때면 열어 본다. 고전 같기도 하고 시집 같기도 하다. '훌륭한 결과는 훌륭한 시작에서 생긴다.' 1994년 1월에 처음으로 적은 글귀다. 20년 가까이 모아둔 글들은 내게 큰 위안이 되고 있다. '개미처럼 모아라. 여름은 길지 않다.' '길이 없으면 길을 만들어 간다. 여기서부터 희망이다.' 이 글은 우리나라가 경제 위기를 만났던 즈음의 글이다. 기업들이 폐업을 하고 젊은 직장인들이 실업자가 되었던 시절, 낙망한 자에게 어느 정도는 희망을 주고 위로가 되었을 것이다. IMF의 후유증은 쉽게 끝나지 않았다. '바람에게도 길은 있다. 나는 비로소 나의 길을 가느니 길은 언제나 어디에나 있다' 때맞추어 적절히 나타나는 글을 볼 때마다 한마디 말의 무게와 가치에 감격하며 가슴이 따뜻해져 옴을 느낀다.

정화된 언어로 구사한 절절한 시 한 구절이 희망이고 위로다. 계절이 바뀔 때마다 글판을 보기 위해 일부러 광화문을 찾을 때 참 행복하다. 글판을 시작한 회사에 마음으로 박수치고 돌아선다. 한 줄의 글귀에서 낙심된 자가 희망을 품게 되고 새로운 용기를 얻는다면 우리는 순화된 말과 아름다운 말로 세상을 좀 더 윤택하게, 더 부드럽게 다듬어 가며 성화시켜 나갈 수 있을 것이다.

기분 좋은 말, 유쾌한 언어에 인색하지 않으며 덕스러운 말이 보편화되는 사회가 되었으면 싶다.

냉정하게 외면하는 것이 위신을 세우는 자존심인 줄 착각하는 도도한 사람들, 부끄러움도 미안함도 없이 본능적으로 거르지도 않는 말로 상처를 주는 사람들이 많은 세상에서 따뜻한 말 한마디가 참으로 그립다.

주위를 둘러보면 아픈 사람들이 많다. 베스트셀러가 된 『아프니까 청춘이다』는 고달픈 젊은이들을 위로하는 인기 서적이다. 어찌 청춘만 아플까. 중년도 아프고 노년도 아프다. 심지어 어린이도 아프다. 아이들의 세계에도 치열한 경쟁이 있고, 친구 관계도 복잡하고 공부에 대한 스트레스로 어른보다 더 아프면서 자란다.

외모를 가꾸는 것이 낙이고 백화점에서 쇼핑하는 것이 일과인 친구가 있다. 생활은 화려하고 여유 만만해 보인다. 예부터 노인들이 자주 하시던 말인, 겉사람은 낡아져도 마음은 젊다는 푸념이 얼마나 자연스러운 표현이던가. 친구는 그와는 반대다. 얼굴은 원하는 대로 고쳐서 젊어 보인다. 그러나 마음은 가난하고 많이 아프다. 세상 것을 다 가져 보아도 만족함이 없어 보이고 박제된 얼굴처럼 주름 없는 얼굴에, 그 곱던 눈매도 입가에 미소도 사라졌다. 우울증만 그를 흔들고 있었다.

내가 가는 길을 같이 가자고 손을 내밀었더니 기다렸다는 듯이 내 손을 잡는 친구의 손이 차갑다. 그에게 진정한 위로와 희망이 무엇일까를 생각했다. 그가 누리는 세상과는 다른 세상을 보여주려고 성경을 선물했다. 그는 소리 없이 웃으며 내가 가는 길을 같이 가겠다고 했다. 좋은 것을 찾으려 헤매지 말고 위대한 것을 찾자고 했을 때 그의 눈빛이 달라졌다.

친구는 요즈음 행복해한다. 남편이 세상을 떠난 후 위축되었던 마음이 회복되고 위로받기보다 남을 위로하는 자리에 선다. 행복은 소유에 있지 아니하고 나눔에 있음을 그는 체험하며 지낸다. 친구는 외로운 자들의 벗이 되어 주고 마음도 주고 가진 것도 나눈다. 교회생활도 즐거운 마음으로 적응하며 섬기는 일에 투자하려 한다. 행복이 무엇인지 이제 알게 되었다고 고백한다. 매달 장애아시설에 가는 걸음이 가벼운 그를 보면 참 아름답다. 외모의 아름다움이 아니라 마음이 젊어지고 예뻐졌다.

'나무 그늘에 앉아 다른 사람의 눈물을 닦아 주는 모습은 그 얼마나 고요한 아름다움인가' 어느 날 광화문 글판에 걸린 정호승 시인의 시를 생각한다. 남의 눈물이 내 눈물은 될 수 없다 해도 그 눈물을 내 손으로 훔쳐 주는 인정의 값은 진주보다 귀한 것이다.

많이 가지고 적게 가진 기준으로 빈부를 나누지 말자. 부자만이 할 수 있는 것도 있지만 어려운 이웃을 얼마만큼 품을 수 있고 따뜻한 마음을 나눌 수 있다면 그도 부자인 것이다. 우리에게는 따뜻한 말 한마디가 그리운 때이다. 이 겨울엔 광화문 글판의 어떤 시구가 우리의 마음을 위로해 줄 것인지 생각만 해도 온 세상이 다 아름답게 보인다.

(그린에세이. 2016. 1~2월호)

선한 말은 꿀송이 같아서 마음에 달고 뼈에 양약이 되느니라

(잠언 16:24)

꿈속의 정원

손바닥 두 개로 가리면 여분이 보이지 않을 만큼 작은 채마밭에서 봄에 심은 강낭콩을 거두고 있다. 제법 작은 자루를 채운다. 밭 가장자리를 돌아가며 심은 백일홍, 봉숭아가 한창 제멋을 내면서 피고 있다.

겨울 밑으로 봄기운이 돌면 서둘러 잠자고 있는 흙을 깨운다. 가운데 토막을 잘라 강낭콩을 심어놓고 담처럼 둘레에는 꽃씨를 뿌렸었다. 작은 이 밭이 나의 목마름을 적시는 한 모금의 물이 되어 준다. 정원을 가꾸려던 꿈을 접은 후에 얻은 것이라 갈증을 해소하기엔 어림도 없는 것이지만 흙을 만지고 꽃을 가꾸는 재미 하나로 위로 삼는다. 내가 무슨 수로 넓은 땅을 차지하겠는가. 꽃처럼 밝게 살다 가면 되는 것이다.

유럽을 여행하던 중 알프스 몽블랑으로 가는 길에 레만 호수에 들렀을 때다. 일행들은 호숫가에서 사진을 찍느라 바쁠 때 나는 아름다운 정원 앞에 서 있었다. 오색의 튤립이 융단처럼 피어 있는 성당, 넓은 뜰을 채우고 있는 이름 모를 꽃들에 마음이 팔려 눈을 뗄 수가 없었다. 낮은 울타리 너머로 시름을 놓고 꽃들을 보고 있었다.

넓은 화단 뒤편에서 웃음 짓고 서 있는 수녀님, 아니 그도 하얀 꽃으로 보였다. 정원을 엿보는 것이 실례가 된 듯하여 "원더풀 플라워" 소리치며 손을 흔들었다. 찾는 이가 없어 적적했던 시간이었을까, 수녀님은 내 곁으로 다가와 어디에서 왔는지 물었다. 한국이라는 대답에 성당으로 들어오라고 손짓했다. 그때 수녀님과 찍은 사진 속의 정원은 내가 갖고 싶은, 지울 수 없는 꿈의 정원이 되었다.

스위스 제네바에 레만 호수가 있으면 나에게도 일산 호수가 있었다. 우리나라 토질에 적합하고 내가 좋아하는 나무와 꽃, 그리고 유기농 채소를 가꾸면서 남은 생을 꽃과 자연 속에서 살고 싶었기에 주저할 것이 없었다. 이사 오기 전에 살던 서울에서는 어림도 없는 일이지만 이곳 일산에서는 충분히 가능했다.

호수가 바라보이는 곳에 눈이 번쩍 뜨이는 반듯하게 사각이 진 터가 눈에 들어왔다. 내가 가진 통장의 잔고만으로도 무리 없이 매입할 수 있는 적당한 값이었다. 이사 오던 첫해의 400평 땅은 서울에서는 강 건너 불구경이지만 일산에서는 고액의 투자도 아니고 가진 자들의 눈에는 쇠푼 어치도 안 되는 적은 액수였다. 탐이 나서 자고 새면 그곳으로 달려가서 판판한 터를 보며 설계도를 그렸고 잠을 설쳐가며 꿈의 정원을 만들었다.

출입구에 들어서면 안쪽 끄트머리에 자그마한 단층집을 짓는다. 집은 크지 않아도 되고 아담할수록 좋다. 방 하나에는 건강을 생각해서 황토로 벽을 쌓고 한지로 도배를 하리라. 마루 한편에는 페치카를 만들어 겨울이면 하얀 연기가 지붕 위로 피어오르게 하고, 난로 안에는 고구마가 익어가고 난로 위에는 구수한 보리차가 끓고 있다. 여름이면 테라스 그늘 밑에 평상을 깔고 대문에는 무지개 아치를 세워 하얀 장미를 올릴 것이다. 마당 한 귀퉁이에는 닭장도 만들고 홰를 치며 새벽을 알리는 장닭의 울음소리를 들으리라. 꿈은 혼자만 누리는 자유였고 덧없이 흐르는 바람이었다.

바른편은 화초를 심고 왼편에는 유실수와 채소를 심을 것이고 꽃들도 계절 따라 키대로 배열할 것이다. 들꽃 풀꽃 자연에서 얻어온 것들을 앞자리에 앉히고 산 내음, 들 내음을 맡으며 봄이면 목련 철쭉이 피고 여름이면 탐스러운 수국과 찔레꽃, 보랏빛 매발톱꽃이 얼마나 예쁠까. 봉숭아 채송화 접시꽃이 벌을 불러온다. 가을이면 국화와 백일홍 붉은 샐비어, 겨울이면 눈꽃 속에 핀 붉은 포인세티아로 성탄을 장식하리라. 대문 곁에는 크리스마스트리로 적당한 주목 한 그루 심어 오색등을 매달아 놓고 〈징글벨〉 음악을 듣는다.

대문에서 집으로 들어오는 길은 징검다리처럼 드문드문 널찍한 돌을 놓아 주면 좁은 돌과 돌 사이에는 생명력 질긴 민들레와 냉이 홀씨가 날아와 꽃을 피워 주겠지. 길 양옆으로 눈을 마주치는 푸새들의 노래, 향기 나는 나무와 꽃들의 대화, 내 손으로 키워낸 식구 같은 분신들을 만지면서 아침이슬에 손을 적시며 살아갈 행복한 날들을 그려 가고 있었다. 그것은 허망한 꿈이 아닌 가능한 소망이었다.

집 앞을 지나는 이들이 꽃구경 오면 테라스 그늘에 앉아 차를 마시며 꽃 얘기도 하고 차보다 더 짙은 정을 나누리라. 감이 익으면 항아리에 쟁여 두고 찬 겨울에 손님이 오면 대접하리라. 채소가 자라는 대로 이웃과 나누며 어머니가 하던 대로 호박오가리, 무말랭이도 볕이 좋은 날 채반에 담아 말리면서 멀리서 불어오는 바람에게 고맙다는 말도 전하리라. 그 정원의 꿈은 끝없이 이어졌다.

땅을 계약하는 자리에 생각지도 못했는데 남편이 들어섰다. "시기와 질투, 오해와 미움, 말도 많은 세상에서 물 위를 걸어오듯 여기까지 온 것을 알고 있다면 이건 아니오. 흠 없이 걸어온 길에 얼룩진 자국을 남길까 두렵다. 이번 일만은 포기하면 안 되겠는가." 집안일에 간섭하지 않던 남편이 작심하고 하는 말이었다. 뜻을 새겨보니 남의 눈에는 부동산을 투기하는 것으로 오해

받을 소지가 있다는 것이었다. 언제나 내 의견에 박수치고 응원하던 그분의 한마디는 천근처럼 무거웠다. 내가 계획한 것이 어설픈 잡도리가 아닌 것이 분명하지만 남편의 뜻이 옳다는 생각이 들었다.

이룰 수 없는 꿈은 슬프다고 하더니 진실로 그렇다. 수없이 갔은 날이 지나가고 남의 차지가 되어버린 그 땅을 볼 적마다 목마른 가을 수풀처럼 내 마음은 허우룩하다. 그러나 아직도 마음 한 구석에 자리 잡고 있는 꿈속의 정원에는 크고 작은 꽃들이 피고 지는가 하면 과일 열매들이 주렁주렁 매달려 있다.

(에세이문학. 2016. 가을호)

지혜로운 여인은 자기 집을 세우되
미련한 여인은 자기 손으로 그것을 허느니라
(잠언 14:1)

손녀의 성년례(成年禮)

"관자(冠子)와 계자(笄子)는 부모님께 읍(揖)하시오." 지엄하신 선생님의 분부에 두루마기까지 한복으로 갖춰 입은 160여 명의 남녀 학생이 부모님을 향하여 큰절을 올린다. 관자의 관(冠)은 갓을 의미하여 남학생이 치르는 성년례를 관례라 일컬었고, 계자의 계(笄)는 비녀를 뜻하는 말로 여학생이 치르는 성년례를 계례라고 구분하여 예를 치른다.

어른에게 차를 따르고 편(鯿)을 권하는 순서가 끝나면 어른이 내리는 선물을 받는다. 무릎을 꿇고 머리 숙여 송구함의 표시로 두 손으로 눈을 내리뜨고 절하면서 손을 내민다. 준비했던 선물을 손녀에게 전하는 나도 조심스럽다. 귀밑으로 땋아 내린 조신한 머리에서부터 발끝까지 우아하고 얌전한 모습은 어른처럼 성숙하다. 시중을 드는 여선생님도 비녀 꽂은 머리와 한복에 당의까지 입었다. 남자 선생님도 두루마기에 의관을 갖추었다. 특히 얼굴색이 다른 외국인 교사들의 한복 차림은 세련되고 맵시도 있어 잘 어울린다. 성년례를 치르는 학교의 풍경은 조선시대 같다.

손녀가 다니는 학교는 강원도 횡성에 있다. 주위에 인가(人家)는 찾아봐도 없고, 푸른 기와지붕을 올린 한옥 교사(校舍)만 즐비하게 들어찬 두메산골이다. 예를 올리는 대강당 전면에는 대형 태극기가 걸려있고 태극기 양편에 조국(祖國)이라는 큰 글자가 이 학교의 상징처럼 보인다. 조국의 유구한 역사와 전통을 교육의 이념으로 삼은 우리나라에 단 하나뿐인 민족사관(民族史觀)고등학교다. 이름에 어울릴 만큼 민족의 역사를 이어가고 있는 학교임을 자랑스럽게 생각한다.

성년례에는 여학생은 엄마가 초청되고 남학생은 아버지가 초청된다. 부모가 유고 시에는 조부모가 대신한다. 직장 일로 참석 못 한 며느리 자리에 대신 가게 되어서 성대한 예식에 할머니 자격으로 참석할 수 있었다. 만 20세가 되어야 성년례를 올리는데 이 학교는 졸업하기 전 3학년을 마무리할 무렵 성년식 예를 올린다. 조선시대에는 15세가 성년식을 하였다고 하니 열여덟 살에 성년으로 머리를 올려서 세상으로 보내고 싶은 학교의 배려가 아닌가 싶다.

교복이 한복인 학교인지라 학생들이 입은 옷은 어색해 보이지도 않고 불편해 보이지도 않는다. 3년 동안 예절과 도덕을 철저하게 교육받은 학생들은 한국적인 훈계와 예절이 익숙히 배어 있는 듯 보인다. 악기도 여학생은 가야금, 남학생은 대금을 필수로 익히는 학교다.

걸음걸이도 발뒤꿈치를 들고 걸어야 하고, 어른을 만나면 모르는 분이라도 두 손을 얌전하게 모으고 고개 숙여 절을 하는 학생들의 모습이 참하고 예쁘다. 오늘은 색다르게 금박을 물린 붉은 댕기는 훤칠하고 숙성한 처녀의 자태를 보여주어서 내 손녀임이 자랑스럽다.

여학생에게는 성인이 되었다는 표시로 어머니가 아얌을 씌워주고 남학생들은 갓을 씌워 준다. 원래는 여자아이들은 비녀를 꽂아 주는 것이 조선시대의 예였다는데 약식으로 하는 것이다. 남학생 부모는 갓 위에, 여학생 부모는 아얌 위에 무궁화 꽃을 꽂아주고 자(字)를 지어서 내린다.

손녀에게 한나(翰拿)라는 자를 지었다. 여자아이지만 날개를 달고 창공을 높이높이 날라는 뜻을 담은 자(字)를 교장 선생님이 일일이 불러주고 우단으로 덮은 서책을 만들어 전하는 것을 끝으로 성년례를 마무리한다.

이 학교는 입학하면 국제반과 국내반으로 나누어서 공부하게 되는데, 국제반과 국내반이 거의 반반이다. 외국에서 공부를 하더라도 조국에 대한 애국심과 나라의 법도를 기억하라는 뜻으로 전통예식을 가르치는 것이라는 생각이 든다. 한국인이라는 긍지와 동방예의지국의 자손임을 잊지 않도록 교복부터 사시사철 한복을 입히고 어른을 공경하고 순종하는 교육을 하는 오직 하나뿐인 고등학교다.

어제의 것이 옛것이 되고 오늘 새것을 선호하는 세상에서 하루가 다르게 변화하는 시대의 흐름이 우리를 놀라게 하고 따라가려면 숨이 차다. 때로는 낙오자가 되는 기분이 들 때도 참으로 많다. 우리의 전통을 소중히 여기는 학교가 있다는 것은 참 든든하고 믿음직스럽다.

손녀는 원하던 대학교에 합격하여 유학을 떠난다. 이 학교에서 삼 년간 배운 교육과 오늘의 예식이 흐려지지 않았으면 싶다. 자유로운 세상과 새로운 문명과 문화 속에서 지조 있는 대한의 자손으로, 우리나라의 전통성을 이어가는 대한의 딸로 공부하고 돌아오기를 바라는 마음뿐이다.

손녀한테 준 할머니의 선물은 한자(漢字)에 한글을 토 달아 단출하게 적은 족보(族譜)다. 청홍으로 색을 맞춘 보자기에 싸서 손녀에게 주었다. 성인이 되는 손녀에게 이것만은 가르쳐 주고 싶었다. 소중하게 보관하라고 일렀다.

시조(始祖) 할아버지는 누구시며 너는 몇 대손인가, 항렬은 무엇인가를 적었다. 위로 3대 아래로 3대까지의 항렬만 짧게 적었다. 누구를 만나 통성명을 하게 될 경우에 성인이라면 그 정도는 알아두어야 할 것이었다. 위에 어른이신지 아래 분인지 알아보는 것은 항렬로 따지는 것도 가르쳤다. 마지막에 아리랑 가사를 적었다.

그것은 우리나라의 노래이기에 외국인 친구들과 어울리면 전해져 오는 우리의 가락 하나쯤은 가르쳐 주라는 나의 의도였다.

한국을 떠나 멀리 타국에서 공부할 손녀를 생각하면 섭섭하다. 사람이 몇백 년 사는 것도 아닌데 보고 싶을 때 못 보고 산다는 것이 아쉽다. 딸이지만 내게는 장손이고 귀한 손녀이다.

손녀가 태어났을 때가 5월이었다. 오래도록 아끼며 지니고 있던 시원한 모시 천으로 풀솜을 얇게 넣어서 포대기를 만들었던 생각이 난다. 시원하고 정갈한 포대기를 만들어 놓고 얼마나 행복했던가. 참으로 지혜로운 딸로 곱게 자라주어 고마운 손녀가 더 많은 학문을 배우기 위해 우리 곁을 떠난다. 성인이 되었건만 아직도 강보에 싸여 나를 쳐다보며 배냇짓을 하고 웃던 모습이 지워지지를 않는다.

성인이 된 손녀가 헤치고 나갈 아득한 길에 할 수 있다면 무한히 이어질 아름다운 꽃길을 만들어 주고 싶다.

(2012)

네 아버지와 어머니를 공경하라. 이것은 약속 있는 첫 계명이니
이로써 네가 잘되고 땅에서 장수하리라
(에베소서 6:2)

도둑에게 쓴 편지

1년간 외국에 나가게 되어 비워둔 아이들 집 현관문을 열었다. 신발장 위에 큼직한 글자로 쓴 편지 한 장이 한눈에 들어온다.

받는 이의 이름은 '손님에게' 라고 적혀 있다. "혹시 가져갈 것이 있나 하고 들어오셨다면, 중요한 물건이나 귀금속 등은 은행 금고에 넣어 두었음을 알려 드립니다. 가지고 갈 것이라고는 돈 안 되고 무거운 TV와 더 무거운 냉장고, 둘밖에 없습니다. 서재에 오디오가 있기는 한데 20년쯤 된 것으로 값어치는 별로 없고 무게가 예사롭지 않아서 들다가 허리 나갑니다. 가능하시면 그냥 돌아가시는 것이 좋습니다. 그리고 CCTV가 설치되어 있으니 얼굴을 잘 가리시기 바랍니다. 주인 드림"

집을 비우면서 도둑이 들까 불안한 생각에 이런 편지를 썼겠지만 도둑이 들어왔다가도 웃으며 돌아가지 않았을까 하는 생각이 들었다. 편지는 대개 보면 쓴 사람을 닮는다. 역시 글 내용에도 아들의 성품과 유머가 들어 있어 한참을 웃었다.

비워둔 일 년 동안 도둑도 들지 않았고 무사했지만 도둑에게 편지를 쓴다는 것이 흔한 일은 아니다. 만약에 도둑이 들어왔더라도 이런 편지를 보았더라면 답장은 쓰지 않더라도 주인의 마음을 읽고 그냥 돌아갔을 것 같다. 절도죄나 주거침입죄를 범하지 않고 개과천선하여 정직한 사람이 되었을 수도 있지 않았을까 싶다. 편지는 마음을 전달하기에 가장 쉽고 편한 방법이다. 나아가 인간관계를 형성하는 데 소중한 매체가 된다. 말보다는 정직하고 느낌도 다르다.

도둑은 사람이 없는 틈을 타서 한적한 시간이나 어두운 시간을 노린다. 짖어대는 강아지도 없는 집을 눈여겨보았다가 가만히 들어가서 훔치는 것이 도둑이다. 이런 도둑을 절도범이라고 하고, 주거침입죄라고 할 것이다.

우리가 어릴 적에는 남의 것을 탐내는 것은 배가 고파서였다. 밥을 훔쳐 먹거나 곡식을 도적질하는 경우가 많았다. 지금은 그런 도둑은 없는 것 같다. 남이 가진 보석이 탐이 나서 도둑이 되고, 많이 가지고 싶은 욕심에서 도둑이 되는 세상이다. 명품을 갖고 싶은 허영에서 도둑이 되는 경우도 있다. 그러나 이런 것은 양반도둑에 속한다. 더 큰 도둑으로는 나라의 돈을 통째로 가로채는 큰 도둑이 있고 몸담은 회사의 서류를 조작하여 거덜 내는 강도도 있다.

많이 배워서 지식도 풍부하고 능력도 고루 갖춘 멀쩡한 사람들이 대도(大盜)로 변하는 것을 자주 본다. 타고난 명석한 두뇌로 나라에 덕을 세우고 사회에 공헌은 못 할망정 큰 도둑으로 변할 때 그 여파는 사회를 어지럽히고 나라에 손해를 끼친다. 이런 이들의 근본을 살펴보면 정직한 사람을 중상모략하여 몰아내든지 밟고 올라서서 기득권을 확보한 사람 중에 특히 많다.

공직을 빙자해 나라의 돈을 축내거나 국가의 영리를 앞세워 놓고 개인의 욕심을 도모하는 자칭 위정자들, 몸담은 회사의 공금도 교묘하게 유용하여 회사를 넘어지게 하기도 한다. 이런 도둑은 물질만능주의와 출세에만 눈이 어두운 이들 중에 특히 많다. 이런 사람들이 도둑인지 강도인지 분간하기가 어렵다. 그야말로 대도(大盜)이다. 나라를 지킨다는 군인이 자리를 핑계 삼아 큰 도둑이 되는 세상을 보며 도둑이라야 잘산다는 공식이 판을 치는 세상인 것 같아서 참 씁쓸하다.

정직한 사람을 흔들어 악하게 만들어 놓고 착취하는 대도들도 수두룩하다. 이런 도둑이 없으면 나라는 저절로 바로 설 것이지만 대통령이 도둑인데 누구를 잡을 수 있을까. 우리나라 대통령치고 부자 아닌 사람이 없다. 본인이나 가족이 교도소를 비켜 간 분이 몇 분이나 있는지 살펴볼 일이다. 부정과 부패는 우리가 말하는 도둑과는 수준이 다른 범죄다. 나라를 팔아먹는 매국이고 날강도다. 마음을 뺏는 도둑도 많다. 사법부의 부정행위, 입법부

종사자들의 끝이 보이지 않는 부정행위들. 일반 서민이 남의 물건 훔치는 것은 도둑이라도 어린 도둑이다.

어릴 적에 어머니는 내 생일이 다가오면 몸이 아프다고 하셨다. 나를 순산하고 너무 무서운 일을 겪은 후유증이 내 돌이 되면 도진다고 하셨다. 태어난 지 삼 일째 되던 날, 우리 집에 일본 칼을 든 강도가 들어와 갓난아기를 안고 있는 어머니께 돈을 달라며 칼로 위협을 했다. "이 칼이 무섭지 않으냐." 복면을 한 강도의 음성은 아는 사람의 음성이었다. 복면을 하였지만 윤곽으로 동네 청년임을 단번에 알아차렸던 어머니는 "돈 없다" 한마디 하고는 안고 있던 나를 던지고 아버지가 계시는 사랑채를 달리며 강도라고 소리치셨단다. 식구들이 오밤중에 다 일어나고 이웃집도 놀라서 일어났다. 그사이 강도는 도망치고 없었다.

아버지께 "태화입니다." 강도의 이름을 어머니가 말했을 때 아버지는 손으로 어머니의 입을 막으셨단다. 확실한 증거도 없으면서 함부로 말하면 안 된다는 것이었다. 주재소의 순사는 범인의 집에서 일본 칼을 발견하였는데, 범인은 투전(鬪牋)을 하다가 돈이 떨어져서 강도를 저질렀다는 자백을 했다고 한다.

빼앗긴 것도 없고 몸이 상한 데도 없으니 선처를 바란다는 어머니의 탄원이 참작되어 작은 벌을 받았다고 했다. 정신적으로 놀라고 무서웠던 순간이 오랫동안 어머니의 괴로움이 되었다. 내 생일이 다가오면 몸도 아프시지만 그 일이 되살아나니 듣기 싫어도 생일 때마다 그 얘기를 들어야 했다.

원수는 외나무다리에서 만난다고 사람의 보행이 뜸한 새벽길이나 늦은 밤길에 어머니는 그분을 만날 때가 더러 있었단다. 그럴 때마다 항상 소름이 돋았다는 어머니의 얘기도 이제는 들을 길이 없다.

(2004)

가난한 자를 보살피는 자에게 복이 있음이여
재앙의 날에 여호와께서 그를 건지시리로다
(시편 41:1)

조사(弔辭)

박구원 권사님 천국 환송예배시

박구원 권사님께 이 글을 올립니다.

권사님은 언제까지나 우리 곁에 계실 줄 알았는데 하나님이 이 땅의 수고를 그치라 하시니 무거운 짐 다 내려놓으시고 소풍 떠나듯 총총히 가셨습니다.

권사님은 우리들이 세상일에 지치고 고달플 때 언제라도 달려가서 기대고 싶었던 언덕이셨고 안기고 싶은 품이었습니다.

때로는 주름진 가슴을 매만지면 "그래 마음대로 해라" 하시며 웃으셨습니다.
작은 체구에서 어찌 그리도 봄처럼 따뜻한 마음과 넉넉한 가을 들녘처럼 풍성한 가슴을 가지셨던가요. 굵은 손마디에서 담아내는 소복한 정은 퍼내고 퍼내어도 마르지 않는 샘이었습니다. 그 어머니의 사랑을 이제는 받을 수 없어 서러움이 밀려옵니다.

수고의 몫은 언제나 당신 것이고 섬기는 일에는 아까운 것이 없으셨습니다.

더러 실수로 저희들이 자만에 빠질 때도 권사님의 환한 얼굴 앞에 서면 저절로 고개가 숙어졌습니다.

한 번도 주장하신 적 없으시고 우리들의 그 많은 허물은 덮어 주시며 칭찬은 드러내 주셨습니다.

제단에 무릎 꿇는 권사님의 경건은 하루해를 다 드려도 모자랐으며 그 많은 기도가 쌓여가듯 한소망의 무리는 이렇게 큰 떼를 이루었고 기도의 자리마다 고여진 눈물은 우리 교회가 여기까지 이르게 된 초석이 되었습니다.

한소망 가족들의 이름을 일일이 불러가며 하나님께 올리던 깊고도 간절한 기도는 우리를 향한 사랑이었고 일으켜 세우는 힘이었으며 하나 되게 하는 촉매였습니다.

어느 날 새벽 시간에 권사님의 기도 가운데 내 이름이 하나님께 올라가고 있음을 우연히 듣게 되었습니다. 어찌 나 하나만이겠습니까. 한소망 가족들을 품고 기도하실 때마다 하나님을 흔들어

깨우심으로 응답이 되어 우리들 가정이 살고 믿음의 원기를 회복시켜 주었습니다.

이제 하나님이 정하신 이 땅에서의 수한이 다하시어 화려한 천국에 편히 쉬라고 하시기에 모든 시름 고달픔 내려놓고 우리 곁을 떠나가십니다.

우리들의 환송을 받으며 입궐하시는 천국 길은 천사들이 단장한 소담한 꽃길인가요. 노을 비끼는 파란 들판인가요. 그곳은 천사들의 환희의 송가가 수금과 비파로 연주되겠지만 우리들은 서러운 이별의 송가를 부릅니다.

면류관 쓰시고 상급 받으실 권사님을 믿음의 눈으로 바라보며 위로받습니다. 모자라서 서럽고 넘쳐서 오만한 세상이라고 하지만 하나님의 사람은 가진 것 다 잃어도 가난한 것 아니요, 세상 것 다 소유해도 부자 아니며 믿음으로 채워짐이 은총이라 하시던 권사님의 믿음을 이어가겠습니다.

이별의 아픔과 눈물이 없는 광명한 천국에서 권사님 만나는 그날을 준비하며 이 땅 위에서 충성스러운 종으로 살겠습니다.

한소망 교회가 더 굳건히 서 가도록 천국에서도 기도하십시오.

"나그네 세월이 이만하면 족하다" 하시며 가고 싶은 천국으로 가셨지만 우리는 권사님을 다시는 볼 수 없어 슬퍼 눈물이 납니다.

권사님 기도 중에 만나고 꿈에서 만나요, 사랑합니다. 권사님 영원히 사랑합니다.

2013년 8월 7일 함순자 올림

수정같이 맑은 생명수의 강을 내게 보이니
하나님과 및 어린양의 보좌로부터 나와서 길 가운데로 흐르더라
(요한계시록 22:1)

찬송소리

연세가 지긋하신 권사님들이 주일 예배를 마치고 점심 식사 후에 모이는 곳은 '한나' 라는 명패가 붙어 있는 방이다. 두어 시간 후에 드릴 오후 예배를 기다리며 쉬는 공간이다. 그 방 앞을 지날 때마다 들리는 찬송소리는 언제 들어도 담담하고 느리며 높낮이가 없는 가락이다. 푸념을 담아내듯 한을 드러내듯 슬프게도 부른다. 오늘은 "내가 이제 살아도 주 위해 살고 이제 내가 죽어도 주 위해 죽네 하늘 영광 보여주며 날 오라 하네… 사나 죽으나 주님의 것이요…" 한 소절 두 소절 넘어갈 때마다 꺾어지는 리듬이 구슬프게 들린다. 세상 줄 다 끊어져도 하나님과 나와의 줄만은 잡겠다는 의미가 담긴 찬송가다. 어릴 적에 들어왔던 노인들의 수심가와 흡사한 느낌이다.

어찌 한이 없을까. 험한 풍랑을 넘고 또 넘으며 살아온 세상을 돌아보는 노인 권사님들의 신앙고백 같은 노래는 소원을 담은 기도처럼 들리기도 한다. 구순을 바라보는 어른들이 교회가 아니면 어디서 만나며 어디서 찬송을 부르겠는가. 한나 방은 들여다보지 않아도 방 안의 모습이 눈에 훤하다. 사방 벽에 등을 기대고 두 다리를 쭉 펴고 앉았다. 간섭하는 이도 없어 편하고 자유롭다. 한 주간 내내 이날만을 기다려 왔을 것이다. 성가대 출신인 권사님이 필경 선창을 하였을 것이니 합창은 쉽게 어우러진다. 이어지는 〈고요한 바다로〉의 마지막 연에서 "내 몸이 의지 없을 때 나 믿음 주소서" 하고 끝맺음을 할 때면 한숨이 절로 나왔을 것이다.

그분들에게는 한 주 동안이 구만리다. 오직 교회 가는 날만 기다리며 한 주일을 보낸다. 대부분 남편을 앞서 떠나보낸 분들이라 허전함을 달랠 수 있는 유일한 곳이 교회요, 사람을 만날 수 있는 곳도 교회다. 지금은 한 가족처럼 흉도 없고 허물도 없다. 친구같이 '얘, 재'로 부르기도 하고 '형아 아우야' 하며 우애도 깊다.

젊었던 날에는 나이의 서열도 챙겼고 교회 출석 연도도 따졌다. 서로 간에 예의 바른 인사가 오고 갔으며 높여 주고 존경하던 사이였었다. 지금은 서열도 예의도 무너지고 간발의 차등도 없어 보인다. 젊어서는 환경도 다르고 살아가는 형편도 달랐다. 물 위에 기름이 어울리지 못하듯이 기름은 기름대로 물은 물대로 비슷한 끼리끼리 모이곤 했다. 교회라고 모두가 하나는 아니었다.

풍랑 이는 바다처럼 거친 세상을 살아오신 분이 있는가 하면 대기업가의 아내로 잔잔한 바다를 지나 안전한 포구에 정착한 여유 있는 분도 계셨다. 노동이 밑천이고 재산이었던, 하루 벌어 하루를 살아야 하던 이도 있었고 품위 있는 말과 고상한 처신을 하던 요조숙녀 같은 이도 있었다. 중매가 직업인 권사님의 걸쭉한 입담과 거침이 없던 수다도 이젠 간 곳이 없다. 모두가 하나 되어 서로에게 기대고 의지하면서 어울리고 장단 맞춰 노래하면서 오직 천국 본향을 바라보는 같은 안목을 가졌을 뿐이다.

다리에 힘도 없고 앉으면 일어서기 힘들고 서면 앉기 힘든 작은 체구가 어깨 위에 걸머진 짐처럼 천근만근으로 무겁다. 한평생 지극정성으로 헌신하고 봉사하며 섬겨온 교회다. 먼 곳으로 이사를 했어도 주일이면 새벽부터 채비를 해서 찾아온다. 오다가 가다가 낭패를 만난다고 쳐도 그것이 영광이려니 생각하는 충성된 여종들은 숨을 쉬는 동안만은 결석이라고는 없다.

간혹 젊은 교인들이 심심할 때 드실 만한 먹거리를 들고 한나방을 찾는 날은 함박웃음도 터지고 칭찬도 듣는다. 별미를 준비하는 행사가 있는 주일은 한나 방에 맨 먼저 올려 드리는 것이 순서로 정해져 있다. 아직도 호령하는 기운은 여전하여 미리 챙겨 드리지 않으면 섭섭한 마음을 드러낸다. 우리는 젊었을 때 어른 대접 그렇게 하지 않았다고 하시기 전에 챙겨 드리는 것이 우선순위다.

칠십 년을 헤아리는 교회이다 보니 전통을 무시할 수가 없다.

노인의 위치와 젊은이의 서열이 선을 그은 듯 뚜렷하다. 특별한 집회가 있는 날은 교회서 기거하며 지내신다. 주방에서는 당번을 정하여 놓고 식사를 차려 드린다. 장로들이 돌아가며 별식으로 대접을 해 드리는 예의는 참 오래된 전통 중의 하나다. 노인을 섬기는 차원을 넘어 그분들이 젊어서 해 오던 일을 되풀이한다는 대물림의 전통으로 알고 불평 없이 하고 있다.

이분들도 한참 봉사하던 젊을 때가 있었다. 우리들이 잘못하면 가차 없이 야단치며 믿음 없이 건성으로 한다고 호통치던 분들이다. 우리는 시키는 대로 절절매며 명령에 순종했고 봉사하는 뒷자리에서 열심히 조수 역을 해냈지만 아무리 잘해도 이름도 없고 빛도 없었다. 칭찬은 그분들의 차지였다. 오래된 교회이다 보니 노인이 많은 것은 상식이다. 그렇기에 전통을 중요시하게 되고, 보고 듣고 배운 대로 대물림을 잘하는 교회가 되었다.

해가 바뀌면 교회 요람에는 노인 권사님의 이름이 한 분 두 분 지워진다. 머지않아 한나의 방이 우리 차지가 될 날이 눈앞에 금방이다. 주인이 바뀐들 다를 것이 있을까. 두 다리 펴고 앉아 찬송을 부르게 될 것이고 "하늘 영광 보여주며 날 오라 하네 할렐루야 찬송하며 주께 갑니다." 숨이 차면서도 부르던 찬송을 기억하며 우리도 부르지 않을까 싶다. 그러면 나는 우렁차게 "십자가 군병들아 주 위해 일어나 기 들고 앞서 나가 굳세게 싸워라." 하고 크게 소리 높여 슬픈 가락이 아닌 씩씩한 노래를 불러 보리라.

여전히 들려오는 찬송소리, “이 세상 고락 간 주 뜻을 본받고 내 주여 어둔 영혼을 곧 깨게 하소서”

(2007)

백발은 영화의 면류관이라 공의로운 길에서 얻으리라

(잠언 16:31)

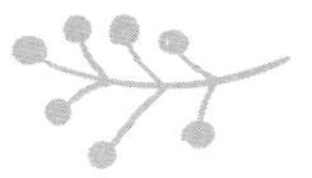
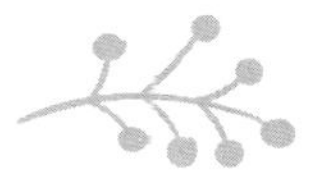

5. 고향 가는 길

고향 가는 길 | 참외 이야기 | 내 고향 사투리

배가 고프다 | 가면을 벗자 | 촌부(村婦)의 꿈

배꽃이 피었다 | 남강이 부른다

열한 살 아이 | 병상 일기

고향 가는 길

우주인이 지구를 내려다보니 길게 두 줄기 선이 그어져 있었다. 하나의 줄은 중국의 만리장성이고 또 하나 선은 대한민국 사람들이 명절에 고향 가는 차량 행렬이라는 우스갯소리가 생각난다. 중국은 만 리로 이어진 성이지만 우리는 천 리에 늘어선 고향길이다.

교통편이 여유롭고 수월하면 아득한 고향도 지척이지만 명절의 고향길은 꼬리 잡은 교통 혼잡으로 지치고 고달프다. 그러나 기다리는 가족을 만난다는 기쁨 하나에 그만한 고생쯤은 충분히 감내하면서 간다. 산란을 위해 자신이 태어난 곳으로 회귀하는 연어들의 행진을 기억나게 한다. 물살을 역행하여 장애의 늪을 헤치고 거슬러 올라가는 연어 떼의 귀향길이 이렇지 않을까. 고속도로에 늘어선 자동차들도 태어난 근원과 삶의 시작을 찾아가는 행렬이니 연어들과 흡사하다.

삶의 중심은 기계화되었고 모든 규정이 과학화되어 사는 것이

편해졌지만 생존의 경쟁에선 더없이 치열하고, 이겨야만 하고, 조금 더 많이 소유해야 하기에 삶은 고통이다. 고향 가는 사람들은 잠시 동안이라도 모든 것을 내려놓고 그리움만 안고 가기에 여유도 있고 양보도 있으니 몸도 마음도 가볍다.

바쁘다는 핑계로 부모님께 못다 한 자식의 도리가 마음에 짐이었던 자식들은 명절을 빗대어 얼굴 한번 내밀면 한꺼번에 면죄부를 받을 기회이기도 하다. 기다림에 목마른 부모님은 용서의 화신이다. 그리움이 쌓일수록 이해하고 용서하다 보니 모나고 각이 졌던 부모의 마음은 깎이고 닳아서 형체도 없다. 오기도 없어지고 자식 얼굴 보는 것으로 세상을 다 얻은 것처럼 부자가 되어 버린다.

어머니가 계실 적에는 나도 기다림의 손님이었고 보고 싶은 그리움이었다. 어린 시절 꿈을 꾸었던 궁전처럼 느껴졌던 곳이 친정이요, 비상하고 싶었던 젊은 날의 불같은 오만이 서려 있는 곳이 고향이다. 운이 좋으면 공기놀이하며 놀던 친구를 만나는 요행도 기대해 보던 고향이 이제는 멀기만 하다.

마루 끝에 앉아 바라보던 별빛 쏟아지던 푸른 밤도 있었고 마당에 피워둔 짚불에선 연기가 모락모락 피어오르면 매캐한 연기에 모기들이 덤비지 못하고 도망쳤던 고향의 여름밤도 그립다. 어머니가 모기장 밑으로 내밀던 고향 복숭아 맛, 어머니의 정이 가득한 집도 어머니와 함께 없어지고 부모 없는 고향이 되어버렸다.

분가해서 사는 아이들의 고향은 내가 우거하는 곳이다. 음지와 양지가 서로 순환하듯이 위치가 바뀌어 기다리는 자리에 서 있다. 아이들은 나의 꽃이고 비타민이다. 나의 거처로 찾아들 때면 잠자고 있던 집 안 구석구석이 깨어난다. 아이들의 웃음은 향기 품은 만발한 꽃이다.

살아온 세상살이, 남은 시간이 얼마인지 짚어 본다. 돌아갈 새로운 본향을 생각하는 것은 불변의 진리다. 안식이 준비되어 있는, 영원토록 머무를 그곳이 진정한 우리가 가야 할 고향이다. 세상은 잠시 머물다 가는 나그네 여정이기에 순례길이라고도 하고 하숙생이라고도 하는가 보다. 정처 없이 거친 들을 헤매다가 귀향하듯이 마지막으로 가게 되는 그 환한 천국은 어두움도 없으며 빈부나 귀천이 없고 평등하며 눈물이 없는 곳이라고 한다.

연분이 닿고 마음이 맞는 사람을 만나 정을 주고받으며 길고도 먼 순례의 길을 걸어왔다. 자녀들을 등에 업고 높은 고개도 넘었고 깊은 강도 건넜다. 햇살이 반가운 봄 언덕에 올라 소담스런 정을 심고 뿌렸던 출발역을 지나 광풍이 일고 소나기 쏟아지는 무더운 여름도 열정 하나로 버티었던 고달픈 정거장을 지나기도 하였다. 높은 하늘 가을 햇빛에 익어가는 알곡들을 뿌린 대로 거두어들이는 넉넉한 배부름이 있던 간이역도 있었다. 엄동설한 시리도록 찬 이슬에 모진 추위와 시련도 견디었던 환승역도 지나왔었다.

아득히 먼 지나온 길을 돌아보게 될 종착역이 가깝다. 나그넷길을 마무리할 지점이 가까워진다. 숨차게 달려온 세월의 힘일까, 시기하고 미워하며 분쟁했던 일들이 허망한 넋두리처럼 어이없다. 가지려던 그 많은 탐욕도 오간 데 없어졌다. 화려한 학력이나 경력이 무슨 소용이며 명예와 출세에 매어서 지낸 덧없는 세월도 가없는 일이었다. 뽐내며 나설 일도 없어졌다.

본향 가는 길에는 정든 사람도 버리고 어깨에 메었던 봇짐도 내려놓고 홀가분하게 베옷 한 벌 몸에 걸치고 미련 없이 뒤도 돌아보지 않고 혼자 떠난다. 나그네 순례길 마지막 종점에 내려 영원한 고향에 입성할 때 어떤 분들을 만나게 될까. 세상을 손에 쥐고 흔들던 힘세고 도도했던 지배자들보다 정을 주고받으며 여린 손 잡아 주던, 먼저 간 친구들을 만날 것이다. 우리가 떠나기 전에 묵혀온 인연들과 알알이 든 정을 정리하고 깃털보다 가벼운 마음 하나 붙들고 한숨도 없고 눈물도 없는 고향으로 가게 될 것이다.

나의 이익을 위해 본래의 양심을 숨겨둔 채 자신을 속이며 살아오지 않았는지, 무심코 뱉은 말로 가슴에 상처를 주지는 않았을까. 내 탓인데도 남의 탓으로 전가한 화인 맞은 마음으로 살아오지 않았는가. 절제하지 못하고 헤프게 규모 없이 살아오지는 않았는지, 계수에 정직하지 못해 남을 손해 보인 적은 없는가. 겉과 안이 차별이 없는 신실한 눈과 맑은 마음으로 살아오지 못한 후회가 밀려온다.

지나온 날을 채근하는 것은 귀향을 앞두고 나그네가 갖추어야 할 준비물이다. 우리들이 돌아갈 영원한 본향에는 기다리다 반가이 마중 나오실 분은 누구일까.

(월간문학. 2014. 2월호)

나는 선한 싸움을 싸우고 나의 달려갈 길을 마치고
믿음을 지켰으니 이제 후로는 나를 위하여 의의 면류관이…
(디모데후서 4:7)

참외 이야기

어느 계절이 좋으냐고 물으면 어릴 적에는 여름이라고 한 적이 있었다. 지금은 계절에 상관없이 먹고 싶은 과일을 어느 때든 먹을 수 있다. 저장해 두었다가 팔기도 하고 하우스 재배를 해서 생산하기 때문에 계절을 가리지 않고 과일이 흔한 세상이다. 어릴 적에는 제철에 나는 과일만 먹을 수 있어서 참외가 많이 나는 여름을 좋아했다.

지금도 참외가 흔한 여름에서 가을까지 이 한 철에 친척이나 아이들, 나를 잘 아는 분들은 우리 집에 올 때 참외를 사서 들고 온다. 우리 아이들은 정해진 품목이 있어서 망설임도 없으니 집에 올 때 너무나 편하다고 한다. 며느리도 아들한테 들어 알았을 것이고 사위도 딸한테 들어서 아는 터라 항상 참외다.

늦은 봄부터 초가을까지 우리 집 냉장고에 참외가 없는 날은 거의 없다. 어쩌다 참외가 없으면 "당신 양식이 없네" 하고 나보다도 남편이 더 챙겨서 사다 놓는다. 끼니로 때워도 좋을 만큼 참외가 내게는 양식 그 이상이다.

모양 있게 쟁반에 가지런히 품위 있게 담아내지 않아도 상관없다. 껍질을 벗기고 통째로 먹어야 먹은 것 같으니 그것도 하나가 아니라 두 개는 먹어야 양이 차는 듯하다. 그렇게 많이 먹어도 탈이 나지 않느냐고 할지 모르지만 참외 속을 버리고 나면 그렇게 많은 양도 아니다. 지금도 며느리는 상자째로 사 와서 집에 들어서기가 바쁘게 참외 두 개를 통째로 깎아서 쟁반에 담아 내 온다.

아이들이 어릴 때 퇴근시간이 지나도 돌아오지 않는 남편을 대문 계단에 앉아 기다렸다. 기다림은 참외 때문이다. 대문에 들어서기가 바쁘게 얼굴보다 참외봉지가 내 앞에 먼저 들어온다. 나보다 참외를 더 많이 기다렸음을 알기 때문이다.

어느 날 맛있는 것을 골랐다며 작은 참외를 사 왔다. 많이 먹고 싶은 욕심에 달지 않아도 큰 것이 좋다고 했더니 그 후로 큰 것만 골라서 사 왔다. 반증이라도 하듯 역시 큰 것은 달지 않았다. 무엇보다 아이들이 참외가 아니라 무맛이라며 먹지도 않아서, 말에 책임을 져야겠기에 맛없으면 설탕 쳐서 먹자고 했지만 아이들이 고개를 젓고 저희들 방으로 가버렸다. 그 후로는 큰 것보다 작고 단내가 나는 것을 사 왔던 기억이 난다.

어릴 때 즐겨 먹던 것은 맛보다는 그리움이 향수가 되어 기호품이 되는가 보다. 우리 집은 농사를 업으로 하는 집은 아니었는데 집 가까이에 제법 넓은 밭이 있었다. 그 밭에 해마다 참외를 심었다. 우리 고향에서는 참외를 노랑외라고 하고 파란데 줄이 간 소위 말하는 개구리참외를 성환외라고 했다. 노란 참외 사이로 검푸르고 큰 성환외가 드문드문 자라고 있었다. 노란 참외에 비해 크기도 하려니와 그 맛은 비교할 데가 없이 달달한 꿀맛이었다.

해마다 아버지는 밭에서 가장 크고 잘 익은 성환외를 골라서 우리 육 남매 중에 한 사람을 뽑아 상으로 주셨다. 상을 받는 기준은 가장 심부름을 잘하되 실수 없이 하고 공부도 잘해서 성적도 우수하고 말을 잘 듣는 아이를 골라 상으로 내렸다. 누가 상을 받을 대상인지는 엄마와 아버지만 알 뿐이었다. 이 시상을 하는 날은 여름 방학 중에 치르는 우리 집의 행사였다. 그런데 해마다 내 머리통만 한 성환외 상을 받는 사람은 육 남매 중에 항상 나였다.

나는 그 상을 받으려고 노력한 적은 맹세코 없었다. 부모님이 심부름을 이상하리만큼 다른 형제보다 나에게 많이 시킨다고 생각은 했다. 학교가 파한 후 오는 길에 무엇을 사 오라는 것이 가장 많았던 것 같다. 심부름은 정직하게 여축 없이 잘한다고 간혹 스스로 생각했고 부모님이 나를 신뢰하는 것도 눈치로 알 수 있었다. 그렇지만 부모님이 기둥처럼 여기는 큰오빠가 제일인 것은 우리 형제가 다 아는 사실인데 왜 해마다 성환외 상은 내 차지였을까. 큰오빠는 정말 훌륭한 수재인데 왜 나였을까. 이 글을 쓰며 생각해도 부모님의 그때 마음은 가늠이 되질 않는다… 단 하나 생각되는 것은, 내가 다른 형제보다 태어날 때부터 병약해서 그러셨을까 싶기도 하다.

상으로 받기는 하였지만 성환외를 혼자 먹어 본 적은 없다. 언제나 작은오빠가 내게 돈을 주면서 사겠다고 했다. 사고 싶은 것이 많은 나는 돈으로 바꾸었다. 오빠는 돈을 주고 샀지만 혼자 먹지 않고 항상 나와 같이 먹었다. 나는 돈만 챙긴 셈이었다. 성환외는 속이 파랗고 그 맛은 살살 녹는 듯하여 어느 참외와도 비길 수 없는 맛이었다.

해마다 내가 상으로 받은 성환외를 사주던 작은오빠는 나보다 일곱 살 위이시다. 내가 시집와서 어렵게 사는 것이 안쓰러워 쌀도 가마니로 들여다 주고 영양실조 걸린다며 곰국거리도 사다 주곤 하셨다.

어느 날 오빠가 우리 집에 오셔서 참외를 쟁반에 푸짐하게 담아내 왔다. 오빠와 마주 앉아 참외를 먹으며 얘기를 하다 보니 참외 쟁반이 비어 있었다. "오빠 참외 잘 드시네요. 더 가져올까요?" 하였더니 웃으시며 "옛날이나 지금이나 참외 좋아하는 것은 여전하구나. 네가 하도 맛있게 먹어서 보고만 있어도 배부르다. 있으면 더 가져다 먹어라." 지금도 오빠가 하시던 말이 생각나면 우습고 부끄럽다. 나 혼자 다 먹고 "더 가져올까요?" 하였으니 만약에 남이었다면 이런 실수에 흉잡혔을 것이 분명하다. 오빠는 그날 이후 우리 집에 오실 때면 참외만 사다 주셨다.

어제도 아이들이 사 온 참외가 그득하게 있으니 부자가 부럽지 않다.

(2011)

형제를 사랑하여 서로 우애하고 존경하기를 서로 먼저 하며
부지런하여 게으르지 말고 열심을 품고 주를 섬기라
(로마서 12:10-11)

내 고향 사투리

“언니야 안 있나 그쟈, 올해는 날이 더버서 그런지 풍개가 안 시고 참 달다. 언니가 좋아하는 복숭 좀 하고 풍개하고 부칫는데 묵어봐.” “에나가 풍개가 달달해?” “에나다” 동생과 전화로 주고받은 말이다. 우리 고향은 자두를 풍개라고 하고 복숭아를 복숭이라고 한다.

동생은 전화를 하면 첫 마디를 “언니야 안 있나 그쟈”로 시작한다. 들으면서 그 어감에서 번져오는 고향냄새가 정답고 참 푸근하다. 고향 떠나 오십여 년이 지났는데도 그냥 말끝마다 튀어나오는 고향의 언어는 감출 수가 없다. 잊힌 단어도 많지만 고향 말을 들으면 예사로 사용했던 사투리가 하나하나 떠오른다.

고향에서는 우리가 사용하는 말이 아닌 다른 지방의 말을 하면 어긋지기라고 한다. 정통에서 벗어날 때, 규격에 딱 맞지 않을 때 어긋난다고 하는데 우리가 사용하는 말이 정통 표준 언어이고 타지역 말은 어긋나는 언어란 뜻일까. 경상도 말은 무뚝뚝하고 덧도 없고 보통으로 하는 말도 소리가 커서 다투는 것처럼 들릴 때도 있다.

철도 들기 전 어릴 적에는 내가 하는 말이 표준말인 줄 알았다. 이웃에 이사를 온 할아버지를 동네 사람들이 서울 노인이라고 호칭했다. 내 느낌으로는 이마가 반질반질하고 키가 작달막하고 깍쟁이처럼 수수한 구석이 없어 보여서 서울 사람은 다 저렇게 야무지고 야박해 보이나 보다 생각했다. 말씨도 너무 다르고 우리는 대답할 때 "와" 하는데 "왜" 하고, "야" 하는데 "애" 하고, "밥 묵어라" 하는데 "밥 먹어라" 했다. 그런 또박또박한 말들이 정겹지 않고 얄밉게 들렸다.

동네 오빠들이 군대에서 제대하여 돌아오면 거의 말씨가 변해 있었다. 어긋지기 말이 무엇이 좋아서 제 고향 말을 버리고 남의 말 주워듣고 혀 꼬부라진 소리를 한다고 어른들이 흉잡으며 눈 흘기고 미워하는 것을 봤다. 언제부터 말에 곡을 붙이느냐고 비웃었다.

젊은 나이에 서울로 이사를 와서 서울 말씨 홍수 속에서 살게 되었다. 밖에 나가면 어디를 가든 최소한의 의사소통만으로 지냈다. 그게 습관이 되어 말이 줄었다. 정답지도 않고 인정스럽지도 않은 경상도 사투리로 상냥한 서울 말씨에 대항하기가 싫었다.

스무 명의 여자들이 모여 식사하는 자리에 초대되었다. 들어서서 보니 넓은 식탁에 어느 한 분을 중심으로 그쪽으로만 몰려 앉아 있었다. 비어 있는 자리에 앉으며 "넓은 자리 놔두고 한쪽으로만 왜 이리 쏘물게 앉았노, 좀 반타 앉지" 나도 모르게 튀어나온 말이다. 부드럽지도 않은 내 말에 순간 장내가 이상해졌다. 그중에 한 분이 웃으며 오랜만에 고향 말 들어본다며 비어 있는 내 자리 옆으로 와서 내 곁에 앉았다. '쏘물다' 라는 말을 얼마 만에 듣는지 모르겠다며 반가워했다. 급하면 튀어나오는 고향 말은 오십 년이 지나도 변하지를 않는다.

아이들이 어릴 때 교육상 득이 안 되니 표준어를 쓰라고 누누이 잔소리를 들었지만 그게 쉽게 고쳐지지를 않았다. 한방 치는 것처럼 급하면 불쑥 내뱉는 사투리는 간사하지도 않거니와 야무지지도 않지만 된장국처럼 깊은 맛이 있고 은근하여 텁텁하며 비빔밥처럼 엉기는 맛이 있어 속속들이 정이 담긴 내 말을 버리고 싶지가 않다.

서울 남자와 경상도 아가씨가 진주에서 만나 데이트를 했다. 다음에 또 만나자며 남자가 일방적으로 다시 만나자고 했지만 처녀는 "언지예" 하고 싫다는 표현을 했다. 총각은 "언제"라고 하는 줄 알고 이달 보름날이라고 했다. 처녀가 "오데예" 하고 대답하니 만날 장소인 줄 알고 "남강 철교 밑에서"라고 말하고 헤어졌다. '언지예'와 '오데예'는 모두 '거절한다', '싫다', '아니다'라는 진주 말이다. 서울 남자는 '언제, 어디에서'로 들었으니 헛걸음만 했을 것이 뻔하다. 웃고 넘기기에는 여운을 남기는 경상도의 정겨운 말이 아닐 수 없다.

오래전에 어느 방송국의 장학퀴즈라는 인기프로가 있었다. 각 지역에서 예심을 거쳐 올라온 주자들은 고향을 대표한 고등학생들이다. 학교의 명예와 고향을 등에 업고 실력을 겨룬다.

문제를 풀어 가는 중에 나온 문제의 정답은 고구마였다. 경남에서 온 학생이 먼저 벨을 눌렀다. "고매"라고 대답했다. 진행자인 아나운서가 "틀렸습니다. 두 자가 아니고 석 자입니다" 이 학생이 다시 "물고매(물고구마)? 생고매(생고구마)?" 하고 거듭 답을 말했지만 틀렸다며 방청석으로 문제가 넘어갔다. 한 학생이 손을 들고 "고구마"라고 대답하는데 진행자는 정답이라고 했다. 경남 학생은 억울해서 통탄을 했고 TV를 보던 시청자들의 항의가 드세게 일어났다.

몇 년 전 그 아나운서가 은퇴하여 신문에 칼럼을 썼다. 방송진행자로 근무할 때 가장 잊히지 않는 일이 바로 이 사건이라는 글을 읽은 기억이 난다. 사투리가 안겨준 코미디 같은 사건이었지만 사투리의 여운이 남는 장면이다.

많다는 표현을 할 때 '푸짐하다, 넉넉하다, 수북이 쌓여있다' 로 말하면 되는데 내 고향은 그 언어가 복잡하게 들린다. '쌔 빗다', '천지 삐까리다', '항거석이다' 라고 한다. 모두 많다는 뜻을 가진 말이지만 타지방 사람들이 알아듣지 못하는 것도 사실이다.

그러나 내 고향의 말을 버리고 어찌 살 수 있을까. "이 문둥아" 한마디에 담긴 정을 어찌 가늠할 수 있으며 얄밉도록 정이 흠뻑 들어 있는 반갑고 정다운 한마디를 세상에서 어느 무엇으로 나타낼 수 있단 말인가.

"언니야 안 있나 그쟈" 고향의 소식을 전해 주는 동생의 전화를 오늘도 기다린다.

(남강문학. 2018. 10호)

이것들이 아침마다 새로우니 주의 성실하심이 크시도소이다

(예레미야애가 3:23)

배가 고프다

배가 고프다. 지하철에 자리를 잡고 앉아 시계를 보니 네 시가 지났다. 일곱 시쯤 가벼운 아침을 먹은 후 아홉 시간이 지났으니 시장기를 느낄 만도 하다.

병원이 일원동이라 멀다는 부담도 있었지만 예약이 된 날은 이유 없이 서둘러 집을 나섰다. 검사받고 치료받는 데만 정신을 집중하다 보니 배고픈 줄도 몰랐고 요기할 시간도 놓치고 말았다.

여섯 시에 시작하는 교회의 특별 집회만 아니어도 서둘러 지하철에 오르지는 않았을 것이다. 정한 시간에 기다리고 있을 구역 가족들이 떠올랐다. 다급한 생각에 시간만 계산했지 배고픈 것은 뒷전이었다. 동전 몇 개만 넣으면 자동으로 손에 잡히는 것이 음료이고 널브러진 것이 먹을거리 천지인 세상에 아무거나 하나 사서 차를 탔으면 얼마나 좋았을까. 조금 늦는다고 탓할 사람도 없는데 약속 시각에 예민한 성품이 결점이다. 건강이 최우선이라고 큰소리치는 여자가 저지른 실수다.

눈을 감으니 허기지면 앞장서서 비집고 들어오는 저혈당 증세가 나를 에워싼다. 기운이 없고 후들후들 떨린다. 입이 마르고 조급해진다. 이런 때는 사탕 하나면 급한 순간은 면할 수 있는데 핸드백 칸칸을 뒤적여도 준비하고 다녔던 사탕이 하필이면 지금 하나도 없다. 지하철 안을 둘러본다. 우리 동네로 가는 3호선이니 혹시 아는 분이 탔으면 염치 접고 사탕 하나 구걸할 참인데 한 사람도 보이지 않는다.

사흘 굶으면 담장 못 넘을 사람이 없다는 말이 생각난다. 법도 뒷전이고 배고픔이 해결되지 않고는 눈에 보이는 것이 없다는 말이다. 먹는 것은 결코 치사한 것이 아니다. 어릴 때 먹어도 또 먹고 싶던 찐빵, 꽈배기가 눈앞에 왔다 갔다 한다.

그뿐인가. 언니가 비벼주던 오돌토돌한 보리밥이 눈에 자꾸만 삼삼거린다. 학교에서 돌아오는 시간쯤이면 언니는 부엌에서 저녁 준비를 하고 있었다. 밥을 짓기 전에 보리쌀을 먼저 애벌로 삶는다. 여덟 식구의 보리쌀은 솥이 그득했다. 내일 조반 준비를 위해 절반쯤은 떠서 바구니에 담아 매달아 놓고 남은 보리쌀에 쌀을 섞어 저녁밥을 짓는 것이 순서다.

집에 들어서기가 바쁘게 언니를 부르며 부엌으로 뛰어 들어간다. 보리쌀 삶는 구수한 냄새가 나면서 뜸이 드는 시간쯤 된다.

식구들이 다 모이는 저녁 시간까지는 한참을 기다려야 했다. 언니는 나를 보자 덥석 안으며 “배고프지?” 하고 묻는다. 나는 고개만 끄덕인다. 파를 송송 썰어서 넣은 깨소금이 든 양념장에 보리밥을 지리 떠서 비벼준다. 말하지 않아도 배고픈 것을 알아차리는 언니의 속 깊은 정과 그 맛난 보리비빔밥은 언니의 사랑이다. 찬이 필요 없는 언니표 비빔밥은 꿀맛이다. 언니는 저녁을 준비하고 나는 부뚜막에 앉아서 언니와 눈을 맞추며 먹던 그 보리밥, 쌀과 함께 다시 익혀야 밥이 되는 보리밥을 언니가 시집을 간 후로는 먹은 적이 없다.

4학년이 되던 해 봄, 언니는 시집을 갔다. 그해 가을에 큰오빠한테 시집온 새언니는 뽀얀 얼굴에 조신하고 음전하다는 칭찬을 어른들로부터 자주 들었다. 좋은 집안의 외동딸인 데다 예단도 야무지게 해 왔다고 동네 분들이 부러워했다. 외양간도 없는 우리 집에 소를 몰고 시집을 왔으니 동네가 떠들썩했지만 내 마음은 심드렁했다.

새언니가 아무리 곱다고 해도 큰오빠와는 비교될 수 없다는 것이 나의 결론이다. 점수를 매겨 보아도 오빠는 백 점이고 새언니는 낙제 점수였다. 장래가 훤히 열린 큰오빠가 손해 보는 것 같았다. 단지 나이 어린 시누이가 둘이나 있다는 것이 오빠의 흠이라면 흠이었다.

학교에서 돌아와 부엌을 기웃거려도 새언니는 눈도 마주치지 않고 배고프냐고 묻지도 않았다. 정도 들지 않았지만 말 붙이기도 어려웠다. 배고프다는 말도 못 할 정도로 쌀쌀했다. 엄마한테 말하면 형제 없이 외딸로 자라서 그렇다고 했다. 너희들이 타박하면 새언니가 시누이들 등쌀에 못 견딘다는 소문만 난다며 말을 못 하게 막았다.

새언니는 부엌에서 주인처럼 행세를 했다. 눈치를 보다가 용기를 내어 보리밥 먹고 싶다는 내 말에 보리밥만 먹으면 배탈 난다는 쌀쌀한 대답만 돌아왔다. 저녁에 식구들 모여서 같이 먹자는 말만 되풀이했다. 학교 규율보다 더 엄격한 자기만의 기준을 세웠는지 명령처럼 말하는 새언니가 야속했다. 아무도 없는 뒤란으로 돌아가 시집간 언니를 부르면서 소리 없이 울었다.

약속된 교회 북카페에 들어섰다. 지쳐 보였는지 기다리던 분들이 한목소리로 저녁을 먹었느냐고 묻는다. 말문이 막힌다. “컵라면이라도 드실래요?” 하는 소리도 들리고 “권사님 라면 안 드시잖아” 하는 소리도 들린다. 그러는 사이 친구 권사는 컵라면에 더운물을 붓고 있다. 내 건강도 알고 내 눈치도 잘 감지하는 그는 구세주요 구원자 같았다.

컵라면 하나보다 더 멋진 성찬은 지금 내겐 없다. 목마른 자에게 물 한 모금, 배고픈 자에게 빵 한 조각, 이보다 더 후한 대접은 없을 것이다. 행복을 말하지 말자. 형체도 보이지 않는 행복의 조건은 무엇일까. 행복은 배부른 자가 찾는 사치스러운 표현일 뿐이다.

(에세이21. 2018. 가을호)

여호와는 가난하게도 하시고 부하게도 하시며
낮추기도 하시고 높이시도 하시는도다
(사무엘상 2:7)

가면을 벗자

가장 아름다운 마음은 아이의 마음이고 깨끗한 생각도 아이의 생각이다. 아이의 행동과 감정은 꾸밈이 없다. 울고 싶으면 울고 싫으면 싫다고 표현한다. 아이는 정직해서 더 예쁜가 보다.

사람은 자신을 속이며 산다. 울고 싶어도 웃고 미우면서도 좋은 척한다. 나도 그럴 때가 많다. 어쩌면 가면을 쓰고 사는 기분이 들어서 남이 보는 내 얼굴도 가면으로 보이지 않을까 희한한 생각을 할 때가 있다.

속과 겉이 다르게 행동하는 사람들이 눈에 뜨일 때가 종종 있다. 스스로 속이는 행동이 보이면 외면하고 멀리해 버린다. 겉으로는 웃고 있지만 속으로는 미워하거나 증오하는 마음을 숨겨둔 채 이중의 탈을 쓰고 세상을 살아가는 가면의 얼굴은 속이는 것이고 가짜 인생이라고 낙인찍어 버리기도 한다.

집에서 멀지 않은 곳에 중남미 문화원이 있다. 그곳에는 탈만 가득한 넓은 공간이 있다. 사방 벽을 빼곡히 채우고 있는 탈들은 모양도 다르고 크기도 다르다. 갈 때마다 내 모습과 닮은 탈을 찾아보건만 비슷한 것도 없다. 그 많은 탈들을 훑어보면서 마음이 얼굴에 나타난다면 저런 흉한 모습들이 아닐까 하는 생각이 든다.

일그러진 얼굴, 비웃는 입술, 흘기는 눈, 잇속을 드러낸 사탄의 무서운 모습, 곱상하고 수줍은 가면, 초점 잃은 죽음 직전의 탈들을 보고 있으면 무섭고 소름이 돋는다. 숨겨진 나의 참모습은 오직 나만 알고 있을 뿐 나타난 내 얼굴도 가면이지 싶다.

오고 가며 스치고 지나가는 사람들을 유심히 본다. 모두가 탈을 썼다는 생각이 든다. 빚에 눌리면서 백만장자로 가장하는 가면의 얼굴도 있을 것이고 파렴치한 행동을 하고도 선한 양처럼 시침 뚝 떼는 사람들도 있다. 지은 죄를 남에게 떠넘기는 화인 맞은 양심도 허다하다. 자신의 직업에 어울리는 거짓의 탈은 보호막이 되기도 하고 살아가기 위한 수단이 되기도 할 것이다

가장 무서운 가면은 미워하면서 사랑하는 척하는 말이나 행동이 아닐까. 미워하는 마음이 얼굴에 드러난다고 가정하면 사귀며 어울려 살 사람이 얼마나 되겠는가. 곧이곧대로 표현된다면 세상은 더 야박해지고 무서울 것이다. 차라리 가면이 순화된 세상을 만들어 가는 것 같기도 하다.

정직한 얼굴은 어딘지 푸근하고 따뜻하여 금방 알아챈다. 그리

고 애틋하고 눈물이 날 듯이 반갑고 마음이 편안하다. 티 없이 맑은 마음을 지닌 순진한 아이들을 보면 초롱초롱한 눈에서부터 어디 하나 거짓이라고는 찾아볼 수 없다. 마음이 아름다우니 나타나는 얼굴도 아름답다. 그러기에 아이들은 너나없이 예쁜가 보다. 가식이 없고 느낀 대로 본 대로 행동하고 꾸며서 할 줄 모르고 본능적으로 행동하는 어린 손자들이 깨물고 싶도록 사랑스러운 것도 속과 겉이 같기 때문일 것이다.

다섯 살배기 손녀가 1년 동안 엄마 따라 외국에서 지내다가 귀국하는 날 공항에 마중을 나갔다. 친가에서도 어른들이 마중을 나와 계셨다. 친가에 멋진 해후를 양보하려고 외할아버지는 뒤로 물러서서 보이지 않는 곳에 숨어 아이를 훔쳐보고 있었다.

기다리던 아이가 엄마의 손을 잡고 출구에 나타났다. 보고 있던 가족들이 달려가서 아이의 손을 잡았지만 아이의 눈은 사방을 두리번거리며 누군가를 찾고 있었다. 잠시 후 아이는 잡았던 손을 뿌리치고 많은 사람들을 헤치고 달려간다. 멀리서 숨어서 보고 있던 할아버지 옷자락을 발견하였을까?

누구의 눈치나 서운한 감정도 상관하지 않고 할아버지가 있는 곳을 찾아 달려간다. 한참을 끌어안고 북받치는 해후를 하는 것을 모두는 쳐다만 보고 있었다. 생각이 곧 행동인 아이의 태도가 얼마나 맑은 가을 하늘처럼 아름다운지, 누구의 감정이나 눈치

따위는 상관이 없었다. 꾸밈없는 솔직한 표현이 그림 같았다.

태어나면서부터 한집에서 살아온 혈육의 정이요 할아버지의 등에 업혀 잠들고 할아버지 가슴에 안겨 재롱떨던 아이는 할아버지의 우상이었다. 서로가 얼마나 보고 싶었을까. 순수한 그리움의 극치를 보며 감정대로 움직이는 아이의 모습이 투명한 햇살처럼 맑고 푸르다.

속과 겉이 같은 아이처럼 어른들은 살 수 없을까. 남과 비교하고 경쟁하다가 감정도 속이고 웃음도 숨기게 되고 눈물도 참고, 없어도 있는 척 있어도 없는 척 자신을 속이며 사는 우리들이다. 누구처럼 되지 못해도 나 자신을 사랑하며 사는 아름다운 사람으로 살고 싶다.

(2006)

너희가 돌이켜 어린아이들과 같이 되지 아니하면
결단코 천국에 들어가지 못하리라
(마태복음 18:3)

촌부(村婦)의 꿈

허리와 바지 끝에 고무줄을 넣은 헐렁한 바지가 십상 편하다. 고무줄을 늘여서 입기도 하고 줄여서 입기도 한다. 기장을 올려도 입고 내려도 입고 접어서도 입는다. 버리기 딱 좋은 남방셔츠에 푹 눌러 쓴 챙이 넓은 모자 위로 수건을 동여맨 모습이 영락없는 촌부의 모습이다.

보는 이도 없고 탓하는 이도 없는 이 자유가 편하다. 나만이 누리는 안식이다. 간섭하는 이가 없어 마음 가는 대로 사는, 참 나만이 누리는 민주주의다. 밭둑 잡초 위에 두 다리 펴고 앉아 값없이 그저 찾아온 솔바람을 벗하며 먹는 간이 맞은 감자 맛은 일품이다.

체면이 없어도 되고 눈치 볼 일도 없다. 탐할 일도 없고 흉볼 일도 없다. 해 지면 달 보며 살고 달 지면 별 보고 은하 속에 견우와 직녀도 찾아보고 흙과 지내다 보면 하루해가 잠깐이다. 잠이 단 것은 고단한 하루가 준 선물이다.

조그마한 밭뙈기 한 마당이 나의 소일거리다. 태초에 원시인은 이렇게 살았을 것이다. 기다리는 것은 때맞춰 찾아오는 비와 바람이다. 해가 지면 자고 해가 뜨면 일어난다. 하늘이 다 내 것이고 바람이 다 내 차지다. 해도 친구고 달도 친구며 별도 이웃이다. 무한한 공간이 모두 내 것 같다. 가진 것이 없어도 지갑이 비어도 걱정이 없다. 밭에만 나가면 식물이 아쉬운 것 없이 자라고 있다. 땅에게는 노동만이 밑천이다. 성가신 것도 없고 치장하지 않아도 햇볕에 그은 얼굴은 건강하다는 신호다.

심지 않아도 어디서 날아왔는지 홀씨들이 밭을 점령하고 제집처럼 자리 잡고 들어앉아 무성하게 자란다. 이들이 약초가 되고 찬거리가 되어 군락을 이룬다. 심은 대로 자라는 것은 양식이지만 저 혼자 멋대로 자란 풀들은 거저 얻은 선물이다.

환하게 웃음 짓는 꽃들은 내 시름을 달래는 친구다. 그들이 부르는 노래가 들리는 듯하다. 얌전해서 수줍고 어여뻐서 사랑받는 채송화와 꽃다지, 우람하게 자라 키 자랑하는 해바라기, 내게 사랑받는 백일홍과 봉숭아, 그러나 저마다 지닌 개성이 다르다. 향기도 다르고 웃음도 다르다. 어쩌면 나를 위해 존재하는 생명들인지도 모른다.

방송도 신문도 없는 적막의 세상이 참 얼마나 멋진 세상인가. 사람은 자유로워지고 싶어 한다. 이것이 참자유다. 사상도 없고 미움도 없으며 질투도 없고 경쟁도 없는 흙과 벗하여 사는 세상, 이것이 전부이다.

흙은 참 무던하다. 심는 대로 키워 낸다. 흙을 만지며 하나님이 처음 만든 아담이라는 남자를 생각한다. 흙으로 빚어 만든 아담은 남자였다. 아담이 혼자 사는 것이 외로워 보여서 아담이 잠들었을 때 옆구리 갈비뼈로 여자를 만드셨던 하나님의 사랑이 너무나 대단하시다. 아담은 여자 하와에게 고백을 한다. 이는 내 뼈 중의 뼈요, 살 중의 살이라고 했다. 그 흙의 사람인 남자와 갈비뼈로 만들어 낸 여자 누가 더 강할까. 뼈로 만든 여자는 본차이나다. 얼마나 정갈하고 깔끔한가. 그러나 하나님이 만든 흙, 즉 아담 안에 들어 있는 그 뼈는 흙에서 채취한 것이다. 그러고 보니 뼈로 만든 하와보다 흙으로 만든 아담이 더 강하다는 결론이다. 그러므로 나는 여자라서 흙을 사랑하나 보다.

도시에서는 맛볼 수 없는 농촌의 정은 푸근하고 가식이 없다. 오래오래 살고 싶다. 감자 쪄서 문 곁에 놓고 가면서 "자더라도 먹고 자" 투박한 그 한마디가 왜 그렇게 정다운지 고맙다는 말은 하지 않아도 된다. 소금을 솔솔 뿌려서 찐 감자는 맛 위에 인정을 더 얹어서 더 달고 배부르다. 한낮에 뜨거운 햇빛을 피해 둘러앉은 대자리 위, 열무김치에 참기름을 두른 그득한 양푼 비빔밥 성찬은 인정이 넘친다.

소슬바람에 묻어오는 풀냄새 너머로 아득히 들려오는 자동차 소리가 들릴 적마다 복잡한 도시가 어른거린다. 매연에 숨이 막히는 거리, 그곳을 피해 왔으니 푸른 하늘에 별을 헤아리고 쪽태에 실려 가는 반달에게 말을 걸자. 그리고 풀벌레 소리에 장단을 맞추자. 멀리 흘러가는 구름 따라 내 눈도 따라간다.

이웃들이 콩깍지를 틀고 깨를 틀며 팥을 말릴 때 나는 꽃씨를 말린다. 봉지마다 이름을 적어 내년을 저장한다. 촌부의 하루해가 저문다.

(2010)

밭은 세상이요 좋은 씨는 천국의 아들들이요

가라지는 악한 자의 아들들이요

(마태복음 13:38)

배꽃이 피었다

봄볕이 쏟아지는 베란다에서 간장이 익어간다. 음력 정월에 담근 장이 달포가 지났다. 항아리 안이 환히 들여다보이는 장독 뚜껑을 열었다. 갈색으로 우러난 간장 위에 하얀 꽃이 피어있다. 단내가 물씬 난다. 찍어 맛을 본다. 어머니가 달다고 하던 바로 그 장맛이다. 올 장 농사는 성공이다. 나도 모르게 불쑥 튀어나오는 말들을 새김질해 본다. 여축 없는 엄마가 하던 말 그대로 토씨 하나 틀리지 않고 하고 있는 내 모습에 놀란다.

장을 담그면서도 엄마 생각을 하고 맛을 보면서도 엄마 생각이 난다. 마치 나 자신이 엄마의 화신처럼 느껴질 때가 있다. 엄마는 간장독을 열어보고 배꽃이 피었다며 올해 간장도 달겠다고 예측하셨다. 어릴 적에는 장이 단 줄 몰랐다. 장은 짠데 왜 달다고 하느냐고 물으면 엄마의 대답이 묘했다. 살림 맛을 알아야 장맛을 알게 된다고 하셨다. 장맛은 왜 단지 살림 맛이 뭔지 모르면서 모두가 낯설지만 신기했다.

더 편하게 살고 싶은 요즘 세상에 장을 담그는 집이 어디 있느냐는 핀잔의 소리를 들을 적마다 언제나 한 귀로 흘려듣는다. 식구들은 간장 된장을 얼마나 먹는다고 조금씩 사서 먹으면 될 일을 사서 고생하느냐고 하지만, 고집스럽게 이 일을 접을 수 없는 것은 즐겁고 행복하기 때문이다. 해마다 연중행사처럼 하는 일이라 손에 익어서 힘 드는 일도 아니다. 어쩌면 나의 만족을 채우고 싶어 하는 일인지도 모른다.

메주를 만들면서 엄마를 생각하고 띄우면서 옛 생각을 한다. 내 손으로 빚어 햇볕에 말리고 띄우는 과정이 잔손이 많이 가지만 그런 정성도 들이지 않고 그 안에 정을 익히거나 인정을 담아낼 수 있겠는가. 며느리가 국간장 달라 하면 퍼 주면서 행복하고, 딸이 된장 없다 하면 날라다 주는 그 기쁨이 얼마만큼 큰지를 아무도 모른다. 깊은 내 속을 알아주는 이 없어도 혼자 좋으면 되는 것이다. 나의 행복지수를 숫자로 그래프를 그려서 선을 그으면 아마도 꼭대기까지 올라갈 것 같다.

친정어머니가 세상 떠나시기 전까지는 메주를 해마다 띄워서 보내 주셨다. 간이 맞게 소금 풀어 담그는 것은 일도 아니게 수월했다. 어머니의 정성과 사랑을 생각하며 내 손으로 메주를 만든 지도 오래되었다. 간편한 쇠절구 하나만 있으면 메주 만드는 일도 힘들지 않았다. 띄우는 과정도 이제는 이력이 붙어서 쉽게 잘

한다. 옛날처럼 많이 소비를 하지 않으니 해를 걸러 담그다가 이제는 3년 터울로 담가도 넉넉하다.

아주 어릴 적부터 엄마가 장을 담그는 것을 눈여겨보며 자랐다. 늦가을 찬바람이 이는 음력 시월 중순쯤이면 며칠 동안 콩을 삶는다. 그간에는 방이 항상 따끈해서 좋았다. 삶은 콩을 절구에 넣고 메로 치는 것은 오빠들이 한다. 메주는 엄마가 만들어서 짚을 깔고 양지바른 평상에서 말린다. 해마다 하는 우리 집의 연중행사였다. 나는 내 주먹만 한 애기 메주 하나를 만들어서 엄마가 하는 대로 작은 양념옹기에 애기 장을 담그곤 했다. 따로 담가놓고 내 간장이라고 아무도 손대지 못하게 했다.

항아리를 열어 보던 엄마는 배꽃이 핀 걸 보니 올해 장도 달겠다고 하시는데 내 작은 장 단지는 배꽃이 피지 않았다. 간이 짜면 꽃이 피지 않는다는 엄마 말에 가만히 내 장단지에 물을 부어서 못 먹게 된 적도 있었다. 철없던 때부터 장 담그기를 좋아했으니 그 역사가 참 깊기도 하다.

내 살림을 살면서 문득문득 떠오르는 어머니의 살림살이와 반찬 솜씨, 부엌일의 순서가 기억난다. 꼭 집어 가르침을 받지 않았어도 언뜻언뜻 법칙처럼 나를 깨운다. 전수받은 제자처럼 그대로 살고 있는 나는 어김없이 대를 이어가는 우등후계자가 아닌가 싶다.

정월에 담그는 장은 소금을 반 되 적게 넣는다는 원칙과 3월에 담그는 장은 소금 간을 반 되 더 잡는 기준만 어기지 않으면 이변이 없는 한 장은 달게 되어있다. 정월 장은 담근 지 45일에서 50일 사이가 장을 뜨면 적당한 시기다. 이 모두는 엄마가 가르쳐준 방식이다. 한 점의 실패도 없이 어김없이 맞아떨어지는, 전수된 딸이 된 것이 기쁘다.

베린다 문을 열면 잘 익은 장 냄새, 단내가 난다. 식구들은 간장 냄새가 난다고 싫어하는 느낌을 받을 때마다 나는 짐짓 못 들은 척 무시해 버린다. 내게는 더없이 정겨운 어머니의 냄새 같다.

한 해 농사를 성공적으로 달성했다는 이 행복을 아무도 몰라준다. 살림 맛을 알아야 장맛을 안다던 어머니, 배꽃이 피어야 장이 달다던 어머니. 이제야 나도 장맛을 알고 살림 맛을 아는가 보다. 장이 달다.

(2012)

내 아들아 네 아비의 훈계를 들으며 네 어미의 법을 떠나지 말라

(잠언 1:8)

남강이 부른다

보고 싶은 곳이 있고 가고 싶은 곳이 있다는 것은 아직은 생명이 여상하여 살아 있다는 증거다. 어쩌다 시간에 여유가 생길 때 생각나는 곳이 내 고향 남강이다. 부르는 이도 없고 기다리는 이도 없지만 이른 새벽 첫차를 탄다.

이정표가 희끗희끗 지나간다. 낯설지 않은 지명들이 정답다. 드디어 남강이라는 표시가 나온다. 내 고향 진주라는 말보다 더 반가운 이름이 남강이다. 거기에 가면 잊어버린 친구의 이름도 기억나고 보고 싶은 어머니의 모습도 강물 위에 어릴 것이다. 떠나버린 형제들의 얼굴도 떠오르리라. 남강이 부르는 듯 손짓을 한다. 첫나들이처럼 설렌다.

도시 한가운데를 가르고 흐르는 남강은 진주의 기준이고 중심이다. 남쪽은 배 건너요, 북쪽은 시내다. 철교(진주교) 난간에 서서 동으로 보면 도동 뒤벼리가 눈에 들어오고 서쪽으로는 평거와 신안동 들판이 가물가물하다. 바로 눈앞에는 촉석루가 마치 내 집안채처럼 정답게 서 있다.

내가 태어난 곳은 평거의 샛터이고 유년을 보낸 곳은 사시사철 포구(느티)나무에 그네가 매달려 있던 신안동 잿마당이다. 이렇게도 정겨운 지명들이 지금도 남아 있을까.

큰언니의 집은 장대동 둑 밑의 기와집이 즐비한 동네였다. 학교가 가깝다는 핑계로 언니 집에서 지낼 때가 많았다. 밤이면 가야금 가락에 맞춰 기녀들이 부르는 단가(短歌)나 판소리 등 풍악소리를 자주 들을 수 있고 낭자머리에 귀태가 흐르는 여인들을 볼 수 있는 동네였다.

지금은 박물관이 자리 잡아 진주의 명소가 된 남성동은 바로 내가 시집을 갈 때까지 살던 친정이다. 우리 집은 진남루를 거쳐야 갈 수 있는 성안이었다. 뒤로는 북장대, 서녘으로 서장대, 동으로는 촉석루가 보이는 진양성 안이라 하여 안성 안이었다. 옛날 경남도청이 있던 터라고 하여 도청마당이라 불리던 넓은 마당에서 남강을 바라보며 살았던 고향 집은 없어졌지만 남강은 나의 요람이요 전쟁 중에는 피난처였다. 체육시간이면 선생님과 같이 손수건 돌리기를 하며 술래잡기하던 백사장은 우리의 놀이터이기도 했다.

내 고향은 세월이 하염없이 흘렀어도 잊히지 않는 노래들이 많다. 남강과 촉석루에 얽힌 노래들을 하나하나 기억을 더듬어 가며 버스 안에서 소리 없이 흥얼거려본다. '진주라 천릿길을 내 어이 왔던고, 촉석루에 달빛만…. 남강 가에 외로이 피리소리를 들을 적에' '진양성 감돌고 지리산 령을 잠들고 흐르는 남강아 애기하라' '남강 물 흐르는 진주 목메 우는 두 청춘이…' '의곡사 우는 종은 가신님을 불러도…. 남강은 잠이 들고 꿈을 꾸는 촉석루….' '비봉산 품에 안겨 남강이 꿈을 꾸는 내 고향 진주만을….' '비봉산 허리에 아지랑이 기리고 의곡사 골짝에 풀국새가 울면은….' 제목도 모르거니와 가사가 맞는지도 모른다. 배우려고도 하지 않았지만 절로 배워진 노래들이다. 언니 오빠들이 부르면 의미도 모르면서 따라 불렀다. 신기하게도 잘 외워졌던 고향 노래가 어찌 이뿐일까. 고향 떠나 50년이 지났지만 고향은 가슴에서 별이 되어 흩어지기도 하고 달이 되어 뜨기도 한다.

고향에 가면 반드시 먹고 와야 직성이 풀리는 부추전은 웬만한 한식당에서는 메뉴에 빠지지 않는다. 다른 지역에서는 맛볼 수 없는 우리 진주의 고유 음식이다. 어머니의 냄새처럼 가슴에 서린 부추전에는 반드시 방아 잎(배초향)이 들어가야 제맛이 난다. 거기에 조갯살과 풋고추를 넣고 버무려서 구워낸 부추전의 맛은 바로 고향의 맛이다. 진주에 가면 어느 한식당을 가도 달라는 대로 넉넉하게 여러 장을 준다. 방아 향은 어머니의 향기처럼 진한 향수를 불러온다.

어릴 적에 소풍 가던 너우니와 굴바위는 진양호가 되고 신도시가 되었다. 나는 아침 시장에서 복숭아를 사서 들고 남강 가 카페에 앉아 옛날을 더듬으며 볼이 붉은 풋풋한 복숭아를 먹고 싶다. 하얀 모래밭은 간 곳이 없어도 여름이면 엄마와 언니가 모래찜질하던 곳이 어디쯤인지 눈을 감으면 떠오를까. 모래밭에 돌을 고이고 솥단지를 걸어 놓으면 멸치 한 움큼 넣고 감자와 풋고추를 넣은 수제비를 보약처럼 먹던 그 날이 그립다.

나룻배를 타고 건너던 약수암이 이제는 천수교를 건너면 바로 지척으로 가깝다. 일천 배를 드리러 가던 엄마를 따라 배 타고 건넜던 나루터도 없어졌다. 절 문전까지 자동차가 들어간다. 나동면으로 가는 나룻배는 매일 오고 가지만 약수암으로 건너는 배는 초파일이나 특별한 행사 때 외는 사공이 없었다. 초하루와 보름이면 엄마를 따라 배를 타고 망진산 자락을 휘돌아 칠봉산을 넘어 약수암으로 가는 길은 가까우면서도 멀었다.

운동화가 신고 싶었다. 반구두 검정 고무신을 살짝 가위로 흠집을 내고 운동화 사달라고 엄마한테 조르던 철부지 내 얼굴도 보인다. 군부대의 트럭을 빌려 타고 통영으로 수학여행을 가던 친구들을 만날 수 있을까. 흙먼지에 속눈썹까지 뽀얗던 친구들, 서로 마주 보고 네 눈썹이 하얗다고 소리치면서 신나게 노래 부르던 친구는 어디에 사는지. 가난한 나라에 태어나 군용트럭의 수학여행도 즐거웠었다.

고향 생각을 하다 보니 버스가 진주의 톨게이트를 들어서고 있다. 남강이 보인다. 잊고 지낸 소중한 것들이 그리워 남강의 고운 여울을 찾아 천릿길을 오고 있다.

(남강문학. 2016)

사랑하는 자여 네 영혼이 잘됨같이
네가 범사에 잘되고 강건하기를 내가 간구하노라
(요한3서 1:2)

열한 살 아이

해거름의 남강은 침묵처럼 조용하다. 다만 스산한 바람만 반가운 인사를 한다. 망진산 그늘이 드리운 강물은 검푸르고 어둡다. 남강은 나를 길러준 고향이고 꿈속에서도 찾아 헤매는 이름이다. 말은 없어도 나를 알고 있는 강은 친구이며 어머니고 그리움이다. 언제 찾아와도 반갑다. 강가에 서면 잊었던 친구도 기억나고 세월 속에 묻혀버린 그 많은 흔적들이 되살아난다.

아득한 논개의 얘기를 들으며 백사장에서 선생님과 친구들이 손수건 돌리기를 하며 뛰어놀던 기억이 스치고 지나간다. 기억 저편에 숨어 있던 낡고 희미한 유년, 채색마저 바랜 열한 살 아이가 다가온다.

형체가 희미한 아이가 위 남강 쪽에서 나를 향해 걸어오고 있다. 가까워질수록 조금씩 드러나는 낯익은 얼굴이다. 털실로 짠 목도리와 장갑도 눈에 익었지만 주름 잡은 검정 치마와 도톰한 솜저고리에 굴리는 큰 눈, 까만 반구두 고무신까지 남강 물을 먹고 자란 영락없는 그 아이다.

옥양목에 염색한 치마저고리는 풀을 먹여서 곱게 다듬이질을 하여 명주처럼 반짝반짝 윤기가 돈다. 치마 밑으로 삐죽이 드러나는 털실로 짠 바지는 언니의 솜씨다. 어린 동생들을 도맡아 돌보면서 틈틈이 만들어 낸 양말과 장갑, 목도리까지 두르고 나서면 천하에 제일가는 멋쟁이다. 엄마보다 더 좋은 언니는 숙제를 채근해 주고 가르치는 가정교사였고 보채고 투정 많은 어린 동생을 업어주고 달래주는 유모였다.

언니가 나이 들어 매파가 드나들기 시작했다. 언니가 시집가고 없는 세상은 생각하기도 싫었다. 언니 나이가 과년하여 시집을 가야만 큰오빠도 장가를 간다고 엄마는 성화였다. 언니가 시집가는 날 언니와 나는 눈이 붓도록 울었다.

언니가 보고 싶어서 지나가는 트럭에 실려 오십 리 밖의 언니 집을 찾아갔다. 대문을 밀지 못하고 울고 서 있었다. 언니를 마주 볼 수가 없었다. 너무 보고 싶으면 차마 쳐다볼 수 없는 것임을 그때 알았다.

아이는 말이 없고 찬찬하고 착하다는 칭찬을 들으면서 자랐다. 공부도 혼자서 하고 친구를 많이 사귀지도 않았다. 어른이 시키는 일이면 싫어도 싫다고 한 적이 없는 형제들 중에서도, 친구들 사이에서도 있는지 없는지 모를 만큼 조용했다. 책만 보고 공부만 하는 아이는 울기를 잘해서 우냄이라는 별명이 붙을 정도였다.

한 해가 마무리되는 섣달 그믐날 밤을 기다렸다. 해마다 어김없이 엄마가 하는 행사가 있었다. 참기름을 큰 접시에 따르고 식구 수(數)만큼 심지를 만들어 접시의 가장자리를 돌아가며 기름에 물렸다. 아버지 심지를 첫 번으로 해서 불을 붙이면 기름에 적신 심지는 불을 밝히면서 조금씩 타들어 갔다. 아이의 불은 끝에서 두 번째였다. 누구의 것이 가장 높이 타오르며 빛나는지 엄마는 그것을 한 해의 운수처럼 주목하고 있었다. 큰오빠의 두 번째 심지를 자꾸만 돋우어서 홰가 나도록 하는 것을 눈치로 알 수 있었다. 아이는 자기 불이 크게 홰를 내며 타오르기만을 기다렸다. 여덟 개의 심지가 잦아들 때까지 엄마는 주무시지 않고 기다리고 있었지만 참기름 냄새가 밴 안방에서 나직한 연기를 맡으며 아이는 잠이 들었다.

아이의 앞머리는 눈썹 위에서 가지런하고 옆머리는 귀가 보일 듯 말 듯 깎아 올렸다. 또래 친구들과 비슷한 스타일이지만 뒤통수는 다른 아이들과 조금 달랐다. 밋밋하게 자른 단발이 아니라 남자들 뒷머리처럼 비스듬히 치켜올려서 깎은 상고머리였다. 그 머리를 고집하는 것은 친구들보다 조금은 구별되게 자신을 나타내고 싶었던 욕심이었고, 두 살 아래 동생의 단발머리를 따라 하고 싶지 않았다. 단발머리는 촌스럽고 구식이라는 생각도 했다. 이발소 아저씨는 머리를 자르면서 이 머리는 이발료를 더 내야 한다고 하였지만 한 번도 이발료를 더 받지 않았고 더 준 적도 없었다.

엄마는 항상 다른 형제보다 고운 비단 천으로 아이의 설빔을 지었다. 가락지도 색이 튀는 것으로, 주머니도 모본단 헝겊으로 만들어 채워 주었다. 학교서도 선생님께 칭찬받는 아이로 앞자리에 앉게 되다 보니 스스로 남보다는 다르다는 우월감을 가지고 자랐다.

사는 것과 죽는 것, 두 가지 외에 선택이 없는 전쟁은 모든 것을 앗아갔다. 세상모르고 철없이 자란 열두 살 아이가 겪기엔 전쟁은 너무나 큰 무서움이었다. 전쟁의 두려움과 아버지의 죽음, 오빠의 억울한 비명(非命)으로 헤어날 수 없는 공포 속에 지내야 했다. 밤이면 숨죽이며 통곡하는 엄마를 보는 것이 고통이고, 절망의 나락으로 빠져드는 엄마를 지켜봐야 하는 것은 뼈를 깎는 아픔이었다. 학도병으로 자원하여 전쟁터로 떠난 작은오빠는 소식도 없고 열두 살 아이는 두 살 아래 동생과 엄마, 세 식구만 남은 집이 무덤처럼 적막했다. 아이는 전쟁을 겪으면서 심리적인 병을 앓으며 자랐다.

시간이 얼마나 지났을까. 유년의 기억에서 깨어나 돌아보니 어두움이 내려와 주위는 적막이다. 남강은 얘기를 들었는지 가만히 조용하다. 숙소로 가기 위해 지나가는 택시에 손을 흔들었다.

(2015)

하늘이 땅보다 높음같이 내 길은 너희의 길보다 높으며
내 생각은 너희 생각보다 높음이니라
(이사야 55:9)

병상 일기

자정이 넘은 시간, 석고실 앞은 초만원이다. 팔다리 골절 환자들이 휠체어에 앉아 차례가 오기를 기다린다. 긴 대열은 끝이 보이지 않는다. 아홉 번째가 내 순서다. 모든 환자가 불편한 몸인데다 오밤중에 치료를 받으러 오라는 전갈을 받은 환자들의 얼굴은 너나없이 지쳐 보인다. 어쩌다가 이 지경으로 석고붕대를 칭칭 감고 휠체어를 타는 신세가 되었을까. 누구나 가끔은 아픔을 겪는다지만 이것은 뼈아픈 고통이다.

내 바로 앞에 대기하고 있는 환자는 젊기도 하지만 부리부리하고 총기 있는 눈에 빛이 번쩍인다. 탄력 있는 근육에 다부진 몸이 삼십 대로 보이는 젊은이다. 힘세고 건강해 보이는데 그 답답함이 오죽할까 싶다. 다리에 깁스를 했지만 혈기도 있어 보이고 성질도 있어 보인다. 휠체어를 밀고 온 보호자도 젊고 예쁘다. 신혼이 아닌가 짐작이 간다. 한창 날아오르고 싶은 욕망이 가득한 청년의 때에 날개를 접고 추락하는 신세가 되었다는 답답함이 가슴을 칠 것 같다.

조용한 병실에 거칠고 험한 소리가 들린다. 바로 내 앞의 그 젊은이다. 드디어 폭발하였구나 싶다. 거친 언어는 극한 좌절에서 나오는 산물이다. 고통에 부대끼는 부르짖음이기도 하다. 그것을 절제할 수 없을 때 나를 학대하게 되고 남에게 피해를 주는 것이다. 아픔을 겪는 자의 몸부림을 조용히 듣고만 있다.

"환자는 인권도 없고 잠잘 권리도 없나. 밤중에 불러내어 치료하는 지각없는 병원이 어디 있나. 밝은 날에 치료하면 안 돼?" 청년의 소리는 병실을 흔든다. 눈 감고 숨죽이며 기다리고 있던 다른 환자들이 고함에 눈을 뜬다. 주위를 돌아보는 청년은 내 말이 옳지 않으냐는 듯 동의를 구하는 눈치 같은데 맞장구쳐 주는 환자는 한 분도 없다. 모든 것이 귀찮은 얼굴들이다. 자다가 나온 나 역시 하품만 나오지, 할 말이 없다.

소리 지르던 젊은이에게 대꾸라도 하듯 내 뒤에 환자의 굵은 바리톤이 주위를 압도한다. 돌아보니 사십 대로 보이는 준수하고 점잖은 남자분이다. 양발에 깁스를 하고 있는 걸 보니 나보다는 상처가 깊은 중환자다. "이 한밤중에 의사 선생님들이 잠도 못 자고 수고가 많으시네요. 우리는 잠시 깨어 치료받고 돌아가지만 이 많은 환자를 치료하려면 밤새우겠습니다. 선생님들 눈에 핏발이 다 섰군요. 수고 많으십니다." 말을 맺으며 한숨을 푹 쉰다. 자신의 아픔보다 의사의 고달픔을 먼저 생각하는 아름다운 사람을 바라보았다. 휠체어를 잡은 보호자인 여자와 눈이 마주쳤다. 그와 나는 친한 사이처럼 눈인사를 한다.

불평하며 남을 탓하는 소리는 참았던 고통의 발로이자 아픔을 토해내는 절규였을 것이고, 너그럽고 관대하며 순화된 말은 아픔을 넘어서서 주어진 고통을 받아들이는, 그럴 수도 있다는 어엿한 사실을 인정하는 긍정의 힘일 것이다. 따라서 자신을 달래며 이겨 보겠다는 의지의 표현일 것이라는 생각도 해 본다. 두 환자의 이유 있는 말을 새겨보며 차례를 기다린다.

이 밤중에 불평과 긍정의 두 환자를 보며 나를 이 지경으로 만들고 도망친 이를 원망하지 않기로 했다. 미움의 응어리로 채워진 가슴을 비워버리자. 그 자리에 나의 부주의라는 명패를 걸어보자. 어찌 마음에 좋은 것만 담을 수 있을까마는 그가 다치지 않았음을 감사하자.

한동안은 불편할 것이다. 그러나 그것 또한 지나가리라. 울음도 삭이면 희망이 되고 슬픔도 모이면 힘이 된다고 하지 않던가. 아직은 한 치만큼씩 아픔이 더해가지만 통제된 아픈 세월을 보듬고 가다 보면 어느 날 깁스가 풀리는 날이 올 것이고 또 자국을 옮기고 웃음 피어나는 날도 올 것이다. 미움을 쌓아 두는 것은 시간낭비고 소득 없는 일이다. 통제된 아픈 세월은 아무리 무거워도 짊어지고 넘어야 할 내 몫인 것이다.

친구가 병문안 와서 "역경은 지나가는 바람이다. 그 바람은 곧 지나갈 것"이라고 위로를 한다. "바람이면 좋으련만 광풍이야 광풍"이라고, 대답했지만 아픈 사람이 어찌 나 하나뿐인가. 몸이 성하여도 마음이 아픈 사람은 또 얼마나 많을까. 잠시 여름이 늦게 가고 봄이 늦게 올 뿐 날마다 햇빛만 있다면 얼마나 더울까 싶다.

새벽마다 기도하던 예배당 맨 뒷자리, 아침마다 걷던 호수공원 길, 나를 기다리는 사랑스런 텃밭, 정해 놓은 날에 만나던 친구들, 주일 아침 내가 앉던 교회 예배자리, 조석을 차리던 주방, 이 모두와 당분간 기약 없는 이별이다. 물 위를 걷는 것이 기적이고 하늘을 나는 것이 기적이라고 생각했다. 지금 나에겐 걸을 수 있는 것이 기적처럼 느껴진다.

심하게 아프다. 견딜 수가 없을 만큼이다. 의사한테 사정을 한다. "이보다 강한 진통제 주사 없나요?" "이보다 강한 것은 마약입니다." 의사의 대답이 끝나기도 전에 "그것 놔 주세요. 부탁이에요." 항생제와 진통제의 힘을 빌려 잠을 청한다.

(2018)

정죄하지 말라 그리하면 너희가 정죄를 받지 않을 것이요
용서하라 그리하면 너희가 용서를 받을 것이요
(누가복음 6:37)

함순자 수필집

길 위에서 만난 사람들

1판 1쇄 발행 2018년 12월 6일

지은이 함순자
펴낸이 김재선

편 집 심영지
디자인 김미경
펴낸곳 예 솔
출판등록 제2002-000080호(2002.3.21)
주소 서울시 마포구 양화로6길 9-24 동우빌딩 4층
전화 02)3142-1663(판매부), 335-1662(편집부)
팩스 02)335-1643
홈페이지 www.yesolpress.com
ISBN 978-89-5916-748-7 03810